Sergio André Rocha

# PLANEJAMENTO TRIBUTÁRIO E LIBERDADE NÃO SIMULADA

## DOUTRINA E SITUAÇÃO PÓS ADI 2.446

2ª EDIÇÃO

Copyright © 2021 by Editora Letramento
Copyright © 2022 by Sergio André Rocha

Diretor Editorial | **Gustavo Abreu**
Diretor Administrativo | **Júnior Gaudereto**
Diretor Financeiro | **Cláudio Macedo**
Logística | **Vinícius Santiago**
Comunicação e Marketing | **Giulia Staar**
Assistente de Marketing | **Carol Pires**
Assistente Editorial | **Matteos Moreno e Sarah Júlia Guerra**
Designer Editorial | **Gustavo Zeferino e Luís Otávio Ferreira**

---

CONSELHO EDITORIAL JURÍDICO

Alessandra Mara de Freitas Silva
Alexandre Morais da Rosa
Bruno Miragem
Carlos María Cárcova
Cássio Augusto de Barros Brant
Cristian Kiefer da Silva
Cristiane Dupret
Edson Nakata Jr
Georges Abboud
Henderson Fürst

Henrique Garbellini Carnio
Henrique Júdice Magalhães
Leonardo Isaac Yarochewsky
Lucas Moraes Martins
Luiz Fernando do Vale de Almeida Guilherme
Nuno Miguel Branco de Sá Viana Rebelo
Onofre Alves Batista Júnior
Renata de Lima Rodrigues
Salah H. Khaled Jr
Willis Santiago Guerra Filho.

Todos os direitos reservados. Não é permitida a reprodução desta obra sem aprovação do Grupo Editorial Letramento.

Dados Internacionais de Catalogação na Publicação (CIP) de acordo com ISBD

| | |
|---|---|
| R672p | Rocha, Sergio André |
| | Planejamento tributário e liberdade não simulada: doutrina e situação pós ADI 2.446 / Sergio André Rocha. - 2. ed.- Belo Horizonte, MG : Letramento ; Casa do Direito, 2022.<br>176 p. ; 15,5cm x 22,5cm. |
| | ISBN: 978-65-5932-198-8 |
| | 1. Direito. 2. Direito tributário. 3. Planejamento tributário. 4. Elisão Fiscal. 5. Evasão Fiscal. 6. Simulação Tributária. 7. Fraude à Lei. 8. Elusão Fiscal. 9. Sonegação. 10. Capacidade Contributiva. 11. Solidariedade. 12. Legalidade Tributária. 13. Livre Iniciativa. 14. Abuso de Direito. I. Título. |
| 2021-1856 | CDD 341.39<br>CDU 34:336.2 |

Elaborado por Odilio Hilario Moreira Junior - CRB-8/9949

Índice para catálogo sistemático:
1. Direito tributário 341.39
2. Direito tributário 34:336.2

**GRUPO ED. LETRAMENTO**

Rua Magnólia, 1086 | Bairro Caiçara
Belo Horizonte, Minas Gerais | CEP 30770-020
Telefone 31 3327-5771

CASA DO DIREITO
é o selo jurídico do Grupo
Editorial Letramento

editoraletramento.com.br • contato@editoraletramento.com.br • editoracasadodireito.com

Dedico este estudo à Professora Misabel Derzi,
cuja obra inspirou este opúsculo.

# APRESENTAÇÃO DA SEGUNDA EDIÇÃO

A primeira edição deste livro saiu em dezembro de 2021 e se esgotou rapidamente. De lá para cá, o Supremo Tribunal Federal ultimou o julgamento da Ação Direta de Inconstitucionalidade nº 2.446, que analisamos no capítulo VII. Salvo pequenos ajustes de redação, a principal diferença desta edição para a anterior decorreu de adaptações relacionadas ao fim deste julgamento.

Agradecemos ao leitor a atenção dada a este opúsculo, torcendo para que esta nova edição tenha o mesmo sucesso de sua antecessora.

Rio de Janeiro, 29 de abril de 2022.

**SERGIO ANDRÉ ROCHA**
Professor de Direito Financeiro e Tributário da
Universidade do Estado do Rio de Janeiro

# AGRADECIMENTOS

Registro meu sincero agradecimento aos Professores Hugo de Brito Machado e Hugo de Brito Machado Segundo, pela leitura do capítulo III; à Professora Misabel Abreu Machado Derzi, pela leitura do capítulo IV; ao Professor Sacha Calmon Navarro Coêlho, pela leitura do capítulo V; e ao Professor Valter Lobato, que leu os capítulos IV e V deste livro.

Agradeço, ainda, a Gustavo Abreu, diretor editorial da Letramento, pelo apoio em mais este projeto, e a Elisa M. Pinto Cesar Andrade, pela revisão geral do texto.

Por fim, deixo registrado meu agradecimento ao Programa de Pós-Graduação em Direito da Universidade Federal de Minas Gerais. Esta pesquisa foi desenvolvida durante estágio pós-doutoral na vetusta Casa de Afonso Pena, sob a supervisão da Professora Misabel Derzi, um dos grandes nomes do Direito brasileiro em todos os tempos. Só nos resta esperar que este opúsculo esteja à altura de ambos.

13 **PLANEJAMENTO TRIBUTÁRIO E O CASTIGO DE SÍSIFO**

15 **I.
INTRODUÇÃO**

20 REFERÊNCIAS BIBLIOGRÁFICAS

21 **II.
O PLANEJAMENTO TRIBUTÁRIO NA
OBRA DE SAMPAIO DÓRIA**

22 1. INTRODUÇÃO

25 2. O PLANEJAMENTO TRIBUTÁRIO NA OBRA DE ANTÔNIO ROBERTO SAMPAIO DÓRIA

25 2.1. PREMISSAS AXIOLÓGICAS E PRINCIPIOLÓGICAS DE SAMPAIO DÓRIA

25 2.1.1. ASPECTOS ÉTICOS DA ELISÃO

29 2.1.2. PRINCÍPIOS TRIBUTÁRIOS NA OBRA DE SAMPAIO DÓRIA

33 2.2. A SIMULAÇÃO COMO LIMITE À ECONOMIA TRIBUTÁRIA LEGÍTIMA EM SAMPAIO DÓRIA

37 2.3. APLICAÇÃO CONCRETA DA TEORIA DO AUTOR: O CASO DO SEGURO DOTAL

40 2.4. SAMPAIO DÓRIA: UM LIBERTÁRIO MODERADO

41 3. CONCLUSÃO

42 REFERÊNCIAS BIBLIOGRÁFICAS

43 **III.
O PLANEJAMENTO TRIBUTÁRIO NA OBRA
DE HUGO DE BRITO MACHADO**

44 1. INTRODUÇÃO

48 1.1. RESSALVA TERMINOLÓGICA IMPORTANTE

50 2. PREMISSAS AXIOLÓGICAS E PRINCIPIOLÓGICAS DE HUGO DE BRITO MACHADO

50 2.1. ASPECTOS ÉTICOS DA ELISÃO

52 2.2. PRINCÍPIOS TRIBUTÁRIOS NA OBRA DE HUGO DE BRITO MACHADO

57 3. LIMITES À ECONOMIA TRIBUTÁRIA LEGÍTIMA EM HUGO DE BRITO MACHADO

60 3.1. O PARÁGRAFO ÚNICO DO ARTIGO 116 DO CTN NA TEORIA DE HUGO DE BRITO MACHADO

| | |
|---|---|
| 62 | 4. APLICAÇÃO CONCRETA DA TEORIA DO AUTOR |
| 62 | 4.1. O CASO DO SEGURO DOTAL |
| 64 | 4.2. ATIVIDADES PERSONALÍSSIMAS DESEMPENHADAS POR PESSOA JURÍDICA |
| 65 | 4.3. INCORPORAÇÃO ÀS AVESSAS |
| 69 | 4.4. O CASO DA MONTAGEM DE BEM IMPORTADO |
| 70 | 4.5. ALUGUEL DE ATIVO E RESPONSABILIDADE POR SUCESSÃO |
| 71 | 5. HUGO DE BRITO MACHADO: UM LIBERTÁRIO MODERADO |
| 72 | 6. CONCLUSÃO |
| 73 | REFERÊNCIAS BIBLIOGRÁFICAS |

## IV. O PLANEJAMENTO TRIBUTÁRIO NA OBRA DE MISABEL DE ABREU MACHADO DERZI

| | |
|---|---|
| 75 | |
| 76 | 1. INTRODUÇÃO |
| 80 | 2. PREMISSAS AXIOLÓGICAS E PRINCIPIOLÓGICAS DE MISABEL DERZI |
| 80 | 2.1. ASPECTOS ÉTICOS DA ELISÃO |
| 82 | 2.2. PRINCÍPIOS TRIBUTÁRIOS NA OBRA DE MISABEL DERZI |
| 89 | 3. A SIMULAÇÃO COMO LIMITE À ECONOMIA TRIBUTÁRIA LEGÍTIMA EM MISABEL DERZI |
| 92 | 3.1. O PARÁGRAFO ÚNICO DO ARTIGO 116 DO CTN NA TEORIA DE MISABEL DERZI |
| 96 | 4. APLICAÇÃO CONCRETA DA TEORIA DA AUTORA |
| 96 | 4.1. O CASO DO SEGURO DOTAL |
| 98 | 4.2. ATIVIDADES PERSONALÍSSIMAS DESEMPENHADAS POR PESSOA JURÍDICA |
| 100 | 4.3. INCORPORAÇÃO ÀS AVESSAS |
| 101 | 5. MISABEL DERZI: UMA LIBERTÁRIA MODERADA |
| 102 | 6. CONCLUSÃO |
| 103 | REFERÊNCIAS BIBLIOGRÁFICAS |

| | |
|---|---|
| 105 | **V.**<br>**O PLANEJAMENTO TRIBUTÁRIO NA OBRA DE SACHA CALMON NAVARRO COÊLHO** |
| 106 | 1. INTRODUÇÃO |
| 109 | 2. PREMISSAS AXIOLÓGICAS E PRINCIPIOLÓGICAS DE SACHA CALMON NAVARRO COÊLHO |
| 109 | 2.1. ASPECTOS ÉTICOS DA ELISÃO |
| 111 | 2.2. PRINCÍPIOS TRIBUTÁRIOS NA OBRA DE SACHA CALMON |
| 115 | 3. LIMITES À ECONOMIA TRIBUTÁRIA LEGÍTIMA EM SACHA CALMON |
| 119 | 3.1. O PARÁGRAFO ÚNICO DO ARTIGO 116 DO CTN NA TEORIA DE SACHA CALMON |
| 121 | 4. APLICAÇÃO CONCRETA DA TEORIA DO AUTOR |
| 121 | 4.1. O CASO DO SEGURO DOTAL |
| 123 | 4.2. ATIVIDADES PERSONALÍSSIMAS DESEMPENHADAS POR PESSOA JURÍDICA |
| 125 | 4.3. INCORPORAÇÃO ÀS AVESSAS |
| 127 | 4.4. RELAÇÃO ENTRE CONTROLADOR E CONTROLADA |
| 128 | 5. SACHA CALMON: UM LIBERTÁRIO MODERADO |
| 128 | 6. CONCLUSÃO |
| 129 | REFERÊNCIAS BIBLIOGRÁFICAS |
| 131 | **VI.**<br>**ALGUNS COMENTÁRIOS SOBRE AS TEORIAS DESSES AUTORES** |
| 132 | 1. ASPECTOS ÉTICOS DA ELISÃO |
| 133 | 2. PRINCÍPIOS TRIBUTÁRIOS |
| 134 | 3. TEORIAS BINÁRIAS: LÍCITO/ILÍCITO |
| 134 | 4. LIMITES À ECONOMIA TRIBUTÁRIA LEGÍTIMA |
| 138 | 5. O PARÁGRAFO ÚNICO DO ARTIGO 116 DO CTN |
| 138 | 6. APLICAÇÃO CONCRETA DAS TEORIAS |
| 139 | 7. CONCLUSÃO |
| 140 | REFERÊNCIAS BIBLIOGRÁFICAS |

| | | |
|---|---|---|
| 143 | **VII.** | |
| | **AS RECENTES MANIFESTAÇÕES DO SUPREMO TRIBUNAL FEDERAL SOBRE OS LIMITES DO PLANEJAMENTO TRIBUTÁRIO** | |
| 144 | 1. | INTRODUÇÃO |
| 145 | 2. | O JULGAMENTO DA ADC 66 |
| 146 | 2.1. | O VOTO DA MINISTRA CÁRMEN LÚCIA |
| 148 | 2.2. | OS VOTOS DOS MINISTROS MARCO AURÉLIO E ROSA WEBER |
| 149 | 2.3. | CONCLUSÃO DESTE TÓPICO |
| 150 | 3. | O JULGAMENTO DA ADI 2.446 |
| 151 | 3.1. | O VOTO DA MINISTRA CÁRMEN LÚCIA |
| 151 | 3.1.1. | O DIREITO À ECONOMIA DE TRIBUTOS |
| 152 | 3.1.2. | A EXIGÊNCIA DE ILICITUDE |
| 153 | 3.1.3. | COMO INTERPRETAR O VOTO DA MINISTRA CÁRMEN LÚCIA? |
| 154 | 3.1.4. | NÃO HÁ VIOLAÇÃO DO PRINCÍPIO DA LEGALIDADE NEM DA SEPARAÇÃO DOS PODERES |
| 155 | 3.2. | O VOTO DO MINISTRO RICARDO LEWANDOWSKI |
| 158 | 3.3. | O VOTO DO MINISTRO DIAS TOFFOLI |
| 159 | 3.4. | CRÍTICA |
| 162 | 3.5. | EFEITOS CONCRETOS |
| 163 | 3.6. | ALINHAMENTO COM OS AUTORES ESTUDADOS |
| 164 | 3.7. | ALINHAMENTO COM NOSSAS POSIÇÕES ANTERIORES |
| 167 | 3.8. | OS RISCOS DA POSIÇÃO DO STF |
| 168 | | REFERÊNCIAS BIBLIOGRÁFICAS |
| 169 | | **POSFÁCIO – O FUTURO** |
| 171 | | **BIBLIOGRAFIA** |

# PLANEJAMENTO TRIBUTÁRIO E O CASTIGO DE SÍSIFO

Na mitologia grega, Sísifo era conhecido pela malícia, esperteza e astúcia. Após despertar a ira de Zeus, e escapar da Morte pela primeira vez, manteve Tânatos preso. Com a prisão do deus da Morte, por algum tempo ninguém morreu, o que irritou Hades, que mandou que buscassem Sísifo e o trouxessem ao mundo subterrâneo. Desta vez, o astuto Sísifo orientou sua esposa que não celebrasse os ritos fúnebres (seria uma simulação?). Estando em presença de Hades, pediu ao deus dos mortos que lhe permitisse voltar ao mundo dos vivos para retificar aquela situação. Hades consentiu. Sísifo dessa vez desapareceu e só retornou ao mundo subterrâneo, conduzido por Hermes, ao morrer em idade avançada.[1]

Mas sabemos que a história de Sísifo não termina bem – perto de sua pena, multa qualificada e representação fiscal para fins penais parecem coisas pequenas.

Quando finalmente no inferno da mitologia grega, Sísifo foi condenado, por toda a eternidade, a empurrar uma grande pedra de mármore até o cume de uma montanha, só para vê-la rolar até a base quando estivesse prestes a chegar.

Aqueles que estudam o planejamento tributário e os seus limites parecem presos a um castigo como o de Sísifo, mesmo que a pedra rolada morro acima não seja tão pesada.

Em primeiro lugar, fica-se muitas vezes rodando em círculos, repetindo debates teóricos incapazes de levar a qualquer solução concreta os problemas enfrentados pelo Fisco e pelos contribuintes no campo do planejamento tributário. Questões principiológicas de relevância secundária são tratadas como temas *a priori* insuperáveis.

---

[1] BUXTON, Richard. *O Mundo Completo da Mitologia Grega*. Tradução José Maria Gomes da Souza Neto. Petrópolis: Editora Vozes, 2019. p. 89.

Depois, temos os desafios impostos pelo nosso desenho institucional de solução de controvérsias tributárias. Após vinte anos omisso em relação ao tema dos limites do planejamento tributário, o Supremo Tribunal Federal, ao finalizar em 2022 o julgamento da Ação Direta de Inconstitucionalidade nº 2.446, indica que a pedra rolará até a base da montanha novamente.

Nosso papel é seguir estudando, debatendo e produzindo, na expectativa de que, em algum momento, sejamos perdoados por Zeus e libertos do castigo nas mãos de Hades, neste subterrâneo fiscal.

# I.
# INTRODUÇÃO

Testemunhamos uma era de polarização nas relações humanas, a qual vem atingindo diversos aspectos de nossa convivência, impulsionada que é de forma antes inimaginável pelas redes sociais. Aqueles que estudam nossa atividade nesses ambientes de coabitação digital, apontam que uma das características capturadas pelos algoritmos que determinam nossa experiência virtual é que as pessoas tendem a engajar-se mais quando expostas a posições consideradas extremas, que lhe são agressivas, não raro intoleráveis. Infelizmente, há tempos a polarização chegou ao debate tributário.

É comum vermos alguns observadores da produção acadêmica apresentando autores como defensores de posições irremediavelmente antagônicas, que focam nas divergências ao invés de olhar para as conexões e concordâncias.

Poucos temas repercutem esta tendência como os debates a respeito dos limites do planejamento tributário. Orientam-se as discussões por controvérsias vazias, como a existência de um direito fundamental de economizar tributos em contraposição ao dever fundamental de contribuir, caindo-se num labirinto cuja saída é difícil de ser encontrada. Defensor que sou da existência de um dever constitucional de pagar tributos,[2] **venho sustentando que este tema não tem – ou não deveria ter – <u>qualquer conexão</u> com a decisão sobre casos concretos que tratem de planejamento tributário. Nenhuma.**[3]

---

2 Cf. ROCHA, Sergio André. O Dever Fundamental de Pagar Tributos: Direito Fundamental a uma Tributação Justa. In: GODOI, Marciano Seabra; ROCHA, Sergio André (Orgs.). *O Dever Fundamental de Pagar Impostos: O que Realmente Significa e como vem Influenciando nossa Jurisprudência?* Belo Horizonte: Editora D'Plácido, 2017. p. 15-40; ROCHA, Sergio André. *Fundamentos do Direito Tributário Brasileiro*. Belo Horizonte: Letramento, 2020. p. 18-27.

3 Como já pontuamos, "agora, o dever fundamental de pagar impostos **não é e não pode ser visto como um instrumento de maximização da tributação**. Não pode levar a uma visão de ampliação da incidência pela via hermenêutica, numa espécie de *in dubio pro fiscum*. Não faz sentido, dessa maneira, ao julgar a procedência ou improcedência de um auto de infração de Imposto de Renda, por exemplo, alegar-se que o fundamento da incidência é o dever fundamental de contribuir. A fundamen-

Obviamente que o que afirmei no parágrafo anterior não significa que a caracterização do dever de pagar tributos como um dever de base constitucional não tenha consequências concretas.[4] O que estamos sustentando é que os debates sobre a classificação de atos e negócios jurídicos praticados pelos contribuintes como elisivos ou evasivos não se relaciona com o reconhecimento da existência de um dever fundamental de pagar tributos.

Todos os autores nacionais que já li sobre planejamento tributário, de todas as orientações teóricas, sustentam o direito à economia tributária lícita.[5] Da mesma forma, todos os autores brasileiros que já li

---

tação deve ser a interpretação da legislação do Imposto de Renda, nos marcos do pluralismo metodológico, sem buscar-se ampliar ou reduzir a incidência fiscal, com base em argumentos axiológicos" (ROCHA, Sergio André. *Fundamentos do Direito Tributário Brasileiro*. Belo Horizonte: Letramento, 2020. p. 27).

**4** Cf. ROCHA, Sergio André. O Dever Fundamental de Pagar Tributos: Direito Fundamental a uma Tributação Justa. In: GODOI, Marciano Seabra; ROCHA, Sergio André (Orgs.). *O Dever Fundamental de Pagar Impostos: O que Realmente Significa e como vem Influenciando nossa Jurisprudência?* Belo Horizonte: Editora D'Plácido, 2017. p. 37-40.

**5** O Professor Ricardo Lobo Torres era categórico ao afirmar que "o contribuinte tem plena liberdade para conduzir os seus negócios do modo que lhe aprouver. O combate à elisão não pode significar restrições ao planejamento tributário. O campo da liberdade de iniciativa é ponto de partida para a vida econômica e não pode sofrer interferências por parte do Estado. O contribuinte é livre para optar pela estruturação dos seus negócios e pela formatação da sua empresa de modo que lhe permita a economia do imposto. Como diz J. Hey, 'não há nenhum dever patriótico que leve alguém a pagar o imposto mais alto'" (TORRES, Ricardo Lobo. *Planejamento Tributário*. Rio de Janeiro: Elsevier, 2012. p. 10). Esta passagem poderia ser encontrada, com as mesmas palavras, em um texto de qualquer um dos quatro Professores cujas teorias comentaremos neste livro. A posição do Marco Aurélio Greco não é muito distinta. Em suas palavras, "o ordenamento constitucional consagra uma liberdade para o cidadão, e o chamado planejamento tributário surge a partir da ideia de exercício dessa liberdade de montar os próprios negócios, organizar a própria vida de modo a pagar o menor tributo 'validamente' possível, considerando as três perspectivas acima mencionadas. Ou seja, o menor tributo 'legalmente' possível, o menor tributo 'efetivamente' (faticamente) possível e o menor tributo 'legitimamente' possível.

Não há dúvida de que existe essa liberdade individual. A questão não é esta. O ponto é saber se a simples existência da liberdade é suficiente para justificar qualquer substituição ou montagem jurídicas ou se o ordenamento impõe limites ao seu exercício" (GRECO, Marco Aurélio. *Planejamento Tributário*. 4 ed. São Paulo: Quartier Latin, 2019. p. 133).

sobre tributação reconhecem que há um dever de pagar tributos legitimamente cobrados de acordo com os parâmetros constitucionais.[6] Já se percebe, então, que o relevante não é proclamar o direito de economizar, ou o dever de contribuir, é definir a fronteira entre a economia lícita e a ilícita, entre o dever tributário legítimo e o ilegítimo.

Portanto, a posição "de centro", como está em voga no debate político atual, é deixar de lado os pontos de partida da filosofia tributária de cada autor e olhar para além delas. As questões relevantes a serem pesquisadas, a meu ver, são: independentemente de suas posições axiológicas ou principiológicas, como este autor ou aquela autora se posicionam diante de casos concretos? Quais são seus critérios para separar economia lícita de tributos de comportamentos ilícitos repelidos pelo ordenamento jurídico?

Às vezes se argumenta que a discordância não é com a teoria deste ou daquele autor ou autora, mas com a maneira como ela está refletida na prática.

Ora, ao interpretar posições teóricas a partir de distorções eventualmente verificadas na prática, cria-se uma profecia autorrealizável. O foco tem que ser apontar como e quanto a prática – das autoridades fiscais, dos julgadores administrativos, do Poder Judiciário – se distancia da doutrina, e não reinterpretá-la a partir dos equívocos das diversas instâncias de aplicação da legislação tributária.

Desde 2018, venho defendendo que as diversas posições doutrinárias sobre o planejamento tributário são mais próximas do que se presume à primeira vista.[7] Meu ponto de partida é que se aceitarmos que não precisamos concordar em termos axiológicos e principiológicos para aquiescer quanto ao correto tratamento de uma determinada situação de fato, vamos depositar mais atenção no desenvolvimento dos

---

[6] Como pontua Hugo de Brito Machado, por exemplo, "a tributação é, sem sombra de dúvida, o instrumento de que se tem valido a economia capitalista para sobreviver. Sem ele não poderia o Estado realizar os seus fins sociais, a não ser que monopolizasse toda a atividade econômica. O tributo é inegavelmente a grande e talvez a única arma contra a estatização da economia" (MACHADO, Hugo de Brito. *Curso de Direito Tributário*. 41 ed. São Paulo: Malheiros, 2020. p. 24).

[7] Ver: ROCHA, Sergio André. Para que Serve o Parágrafo Único do Artigo 116 do CTN Afinal? In: GODOI, Marciano Seabra de; ROCHA, Sergio André (Coords.). *Planejamento Tributário: Limites e Desafios Concretos*. Belo Horizonte: Editora D'Plácido, 2018. p. 498.

critérios para a avaliação de casos concretos, que é uma das grandes deficiências da doutrina a meu ver.

Foi com essas ideias em mente que, após estudar as teorias dos Professores Marco Aurélio Greco[8] e Ricardo Lobo Torres[9] sobre os limites do planejamento tributário, dediquei-me, neste trabalho, às obras de outros quatro gigantes do Direito Tributário brasileiro, de uma linha teórica que pode ser considerada, a uma primeira vista, divergente daquela defendida por Greco e Lobo. Assim, nas páginas seguintes analisarei os trabalhos dos Professores Antônio Roberto Sampaio Dória, Hugo de Brito Machado, Misabel Abreu Machado Derzi e Sacha Calmon Navarro Coêlho.

Recentemente, o Supremo Tribunal Federal (STF) examinou questões conexas ao tema do planejamento tributário em dois casos importantes: a Ação Declaratória de Constitucionalidade nº 66 (ADC 66) e a Ação Direta de Inconstitucionalidade nº 2.446 (ADI 2.446).

Em linhas gerais, vemos muito da posição dos referidos autores na posição que vem prevalecendo na Suprema Corte sobre os limites do planejamento tributário. Dessa forma, após apresentar o contorno das teorias de cada um dos autores, vamos analisar as manifestações disponíveis dos Ministros do STF e como elas interagem com a doutrina de Antônio Roberto Sampaio Dória, Hugo de Brito Machado, Misabel Abreu Machado Derzi e Sacha Calmon Navarro Coêlho.

As leitoras e os leitores deste livro notarão que em cada capítulo há algumas repetições. Mantive-as, de modo que cada texto possa ser considerado independente e lido separadamente, sem recurso a esta introdução.

---

**8** ROCHA, Sergio André. *Planejamento Tributário na Obra de Marco Aurélio Greco*. Rio de Janeiro: Lumen Juris, 2019.

**9** ROCHA, Sergio André. *Controle do Planejamento Tributário na Obra de Ricardo Lobo Torres*. In: ROCHA, Sergio André; TORRES, Silvia Faber (Coords.). *Direito Financeiro e Tributário na Obra de Ricardo Lobo Torres*. Belo Horizonte: Arraes Editores, 2020. p. 147-169.

## REFERÊNCIAS BIBLIOGRÁFICAS

GRECO, Marco Aurélio. *Planejamento Tributário*. 4 ed. São Paulo: Quartier Latin, 2019.

MACHADO, Hugo de Brito. *Curso de Direito Tributário*. 41 ed. São Paulo: Malheiros, 2020.

ROCHA, Sergio André. O Dever Fundamental de Pagar Tributos: Direito Fundamental a uma Tributação Justa. In: GODOI, Marciano Seabra; ROCHA, Sergio André (Orgs.). *O Dever Fundamental de Pagar Impostos: O que Realmente Significa e como vem Influenciando nossa Jurisprudência?* Belo Horizonte: Editora D'Plácido, 2017.

ROCHA, Sergio André. Para que Serve o Parágrafo Único do Artigo 116 do CTN Afinal? In: GODOI, Marciano Seabra de; ROCHA, Sergio André (Coords.). *Planejamento Tributário: Limites e Desafios Concretos*. Belo Horizonte: Editora D'Plácido, 2018.

ROCHA, Sergio André. *Planejamento Tributário na Obra de Marco Aurélio Greco*. Rio de Janeiro: Lumen Juris, 2019.

ROCHA, Sergio André. Controle do Planejamento Tributário na Obra de Ricardo Lobo Torres. In: ROCHA, Sergio André; TORRES, Silvia Faber (Coords.). *Direito Financeiro e Tributário na Obra de Ricardo Lobo Torres*. Belo Horizonte: Arraes Editores, 2020.

ROCHA, Sergio André. *Fundamentos do Direito Tributário Brasileiro*. Belo Horizonte: Letramento, 2020.

TORRES, Ricardo Lobo. *Planejamento Tributário*. Rio de Janeiro: Elsevier, 2012.

# II.
# O PLANEJAMENTO TRIBUTÁRIO
# NA OBRA DE SAMPAIO DÓRIA

**sumário** 1. Introdução. 2. O Planejamento Tributário na Obra de Antônio Roberto Sampaio Dória. 2.1. Premissas Axiológicas e Principiológicas de Sampaio Dória. 2.1.1. Aspectos Éticos da Elisão. 2.1.2. Princípios Tributários na Obra de Sampaio Dória. 2.2. A Simulação como Limite à Economia Tributária Legítima em Sampaio Dória. 2.3. Aplicação Concreta da Teoria do Autor: O Caso do Seguro Dotal. 2.4. Sampaio Dória: Um Libertário Moderado. 3. Conclusão. Referências Bibliográficas.

## I. INTRODUÇÃO

Todos que se dedicam ao estudo do **planejamento tributário** já estudaram – ou certamente deveriam ter estudado – a obra de Antonio Roberto Sampaio Dória, **Elisão e Evasão Fiscal**.[10] Trata-se de um dos livros mais citados sobre o tema no Brasil e, provavelmente, o trabalho que marcou o nascimento do estudo individualizado da matéria. Não que o planejamento não tenha sido debatido no Brasil anteriormente à publicação da primeira edição do livro de Sampaio Dória, em 1971. Afinal, autores da estatura de Aliomar Baleeiro, Amílcar de Araújo Falcão e Rubens Gomes de Souza, por exemplo, já haviam se manifestado sobre o tema anteriormente.[11] Contudo, segundo vemos, foi com este livro do antigo Professor Titular da Universidade de São Paulo que o estudo do planejamento fiscal se autonomizou.

Por mais que o livro Elisão e Evasão Fiscal, de Antonio Roberto Sampaio Dória, tenha se tornado referência obrigatória em todo estudo sobre planejamento tributário, as referências a esse trabalho são não raro superficiais e no mais das vezes não capturam detalhes importantes de sua teoria.

Criou-se, na doutrina, uma espécie de premissa teórica no sentido de que Sampaio Dória fundamentaria sua abordagem do planejamento tributário na existência de uma liberdade absoluta de planejamento, que somente encontraria limites formais na exigência de licitude dos meios e na anterioridade da ocorrência do fato gerador do tributo.

Entretanto, um exame mais detido de suas lições põe essa visão em xeque.

---

10 DÓRIA, Antonio Roberto Sampaio. *Elisão e Evasão Fiscal*. 2 ed. São Paulo: José Bushatsky, 1977.

11 Para uma análise desses primeiros trabalhos sobre planejamento tributário no Brasil, ver: CARVALHO, João Rafael L. Gândara de. *Forma e Substância no Direito Tributário Brasileiro: Legalidade, Capacidade Contributiva e Planejamento Fiscal*. São Paulo: Almedina, 2016. p. 219-229.

O estudo do planejamento tributário tem dois planos distintos que muitas vezes são misturados e confundidos, o que gera ruídos e equívocos difíceis de superar. O primeiro é o **plano ético, axiológico e principiológico**, em que se debatem os fundamentos do controle do planejamento tributário. Aqui entram em cena a existência, ou não, de uma "obrigação" moral de pagar o tributo devido; de um dever fundamental de pagar tributos e seus reflexos sobre o planejamento fiscal; a interconexão entre os valores liberdade, justiça e solidariedade no campo da tributação;[12] a definição dos princípios constitucionais que pautam os limites do planejamento tributário, etc.

A seu turno, **o segundo plano é aplicativo-concreto**. Neste âmbito, discutem-se os critérios de que o intérprete-aplicador do Direito se vale diante de atos e negócios jurídicos concretos, para caracterizá-los como atos ou como negócios jurídicos cujos efeitos devam ser acolhidos, sem contestação, pelas autoridades fiscais, ou como atos ou negócios jurídicos que possam ser desconsiderados e requalificados pela fiscalização.

Segundo vemos, talvez o maior problema encontrado nos debates sobre o planejamento tributário nos últimos anos decorra das seguintes **abordagens**: (i) a excessiva relevância atribuída ao primeiro plano (ético, axiológico e principiológico); e (ii) a confusão entre os dois planos do debate, estabelecendo-se como premissa que uma certa posição quanto aos aspectos éticos, axiológicos e principiológicos leva, necessariamente, a uma visão determinada das questões aplicativas e concretas.

As duas abordagens referidas no parágrafo anterior, segundo vemos, estão **equivocadas**.

A **primeira abordagem** é uma leitura parcial. Ela foca os aspectos éticos, axiológicos e principiológicos como se fossem os únicos relevantes. Como consequência, equiparam-se autores considerando apenas suas posições nesses campos, sem uma maior preocupação com o plano aplicativo concreto.

Por outro lado, a **segunda abordagem**, mesmo que de forma inconsciente, tem como premissa que posições equivalentes no plano ético, axiológico e principiológico resultariam em manifestações unidirecionais na aplicação concreta. Em outras palavras, que o fato de dois ou

---

12 Ver: ROCHA, Sergio André. *Fundamentos do Direito Tributário Brasileiro*. Belo Horizonte: Editora Letramento, 2020. p. 71-92.

mais autores concordarem sobre a prevalência da segurança jurídica sobre os demais princípios – em relação ao conteúdo e alcance dos princípios da legalidade, da tipicidade e da capacidade contributiva –, à necessidade de contenção do papel dos Poderes Executivo e Judiciário no campo do controle do planejamento tributário, resultaria na defesa do mesmo tipo de critério para a determinação da legalidade – ou legitimidade – da conduta do contribuinte em casos concretos.

O debate tributário, como de resto a vida em sociedade, parece ter-se polarizado em posições binárias extremadas, entre os que seriam supostamente defensores da liberdade de planejamento tributário e os que lhe oporiam restrições.

Essa abordagem binária, pretensamente redutora da complexidade da vida real, é tão comum quanto falsa e gera ruídos comunicacionais que impedem o avanço de debates construtivos para a definição dos limites do planejamento tributário.

Parece-nos, portanto, que a polarização binária da doutrina brasileira sobre planejamento tributário é falsa, havendo pelo menos quatro posições teóricas não uniformes que têm pontos de contato suficientes para serem reunidas em quatro grupos, a saber: (i) posições libertárias extremas;[13] (ii) posições libertárias moderadas; (iii) posições solidaristas moderadas; e (iv) posições solidaristas extremas.

Podemos estabelecer os critérios básicos de enquadramento em cada uma dessas categorias nos seguintes termos:

- **Posições libertárias extremas:** prevalência do valor liberdade e do princípio da segurança jurídica; legalidade e anterioridade em relação ao fato gerador como critérios não exclusivos de legitimação do planejamento tributário; conceito de simulação como vício de vontade; rejeição de outras patologias como limites da economia tributária legítima.
- **Posições libertárias moderadas:** prevalência do valor liberdade e do princípio da segurança jurídica; legalidade e anterioridade em relação ao fato gerador como critérios não exclusivos de legitimação do planejamento tributário; conceito amplo de simulação – como incongruência entre a forma empregada pelo contribuinte e o conteúdo do ato realmente praticado – e/ou uti-

---

[13] As palavras "libertário" e "libertária" estão sendo usadas neste livro exclusivamente em relação a aspectos atinentes ao planejamento tributário, não tendo, assim, qualquer conotação política ou econômica.

lização de outras patologias como limites da economia tributária legítima.
- **Posições solidaristas moderadas:** ponderação dos valores liberdade e solidariedade; legalidade e anterioridade em relação ao fato gerador como critérios não exclusivos de legitimação do planejamento tributário; conceito amplo de simulação – como incongruência entre a forma empregada pelo contribuinte e o conteúdo do ato realmente praticado – e/ou utilização de outras patologias como limites da economia tributária legítima.
- **Posições solidaristas extremas:** prevalência do valor solidariedade sobre o valor liberdade; possibilidade de desconsideração de atos e negócios jurídicos, mesmo que ausente qualquer patologia, com base na aplicação do princípio da capacidade contributiva.

Este capítulo tem dois objetivos: **primeiro**, apresentar uma análise da teoria de Sampaio Dória sobre o planejamento tributário e seus limites; **segundo**, classificar sua abordagem teórica em uma dessas quatro categorias.

## 2. O PLANEJAMENTO TRIBUTÁRIO NA OBRA DE ANTÔNIO ROBERTO SAMPAIO DÓRIA

Para os propósitos deste estudo, vamos analisar a obra de Sampaio Dória sob três critérios: (i) suas premissas axiológicas e principiológicas; (ii) a simulação como limite à economia tributária legítima; e (iii) a aplicação concreta da teoria do autor.

### 2.1. PREMISSAS AXIOLÓGICAS E PRINCIPIOLÓGICAS DE SAMPAIO DÓRIA

#### 2.1.1. ASPECTOS ÉTICOS DA ELISÃO

O livro de Sampaio Dória, **Elisão e Evasão Fiscal**, certamente estava à frente de seu tempo. Temas que foram ali debatidos somente se tornaram mais comuns nas reflexões tributárias décadas após sua publicação. É o caso, por exemplo, das considerações sobre ética fiscal e sua relação com o planejamento tributário.

Embora louvável a abordagem do tema pelo autor, não se pode deixar de notar um certo reducionismo simplificador ao tratar da questão.

De fato, ao iniciar suas considerações, anota Sampaio Dória que "o verdadeiro *rationale* que está por detrás das várias teorias da ilegitimidade da elisão fiscal e, principalmente, de decisões judiciais a ela desfavoráveis, apesar de jurídicas em seu aparato exterior, técnica e argumentação, o verdadeiro *rationale*, dizíamos, são inspirações éticas. Repugna a muitos admitir que possa alguém, com habilidade e inteligência, manipular as formas para escapar a uma responsabilidade fiscal, quando outros não o lograram. Desagrada endossar o astucioso arranjo dos negócios, especialmente dos poderosos, feito com o visível intuito de se forrar ao pagamento de tributos, baseados na capacidade contributiva. É sempre amargo o desapontamento, que deve assaltar os julgadores, de terem que coonestar, por motivos de lógica jurídica formal, o que a seus olhos parece uma prestidigitação tributária".[14]

Se baseados em intuição, é razoável concordarmos com esta premissa. No entanto, academicamente é equivocado apresentar uma posição empírica apriorística, em forma absoluta, sem qualquer dado ou pesquisa empírica, ou mesmo revisão da literatura sobre a matéria. Portanto, acreditamos que algumas teorias solidaristas moderadas não possuem fundamento essencialmente moral. É o caso, por exemplo, de nossa própria teoria, que é muito mais formal do que axiológica.

Contudo, e isso talvez seja o mais interessante, é que **esta posição de Sampaio Dória deve ser interpretada no contexto do seu livro.**

De fato, como veremos adiante nas seções 2.2 e 2.3, e já antecipando nossa conclusão, Sampaio Dória pode ser classificado, considerando as categorias apresentadas anteriormente, como um **libertário moderado**. Consequentemente, o conjunto de situações que, para ele, se enquadrariam no conceito de verdadeiras elisões fiscais não é tão extenso como possa parecer àqueles que somente tiveram contato com a sua obra por vias indiretas.

Assim sendo, é possível argumentar que a afirmação do autor transcrita no segundo parágrafo desta seção na verdade se dirigia contra posições **solidaristas extremas** e, nesse aspecto, talvez seja mais correta, embora, ainda assim, não se possa assumir como uma proposição verdadeira sem uma pesquisa empírica que a corrobore.

---

14 DÓRIA, Antonio Roberto Sampaio. *Elisão e Evasão Fiscal*. 2 ed. São Paulo: José Bushatsky, 1977. p. 124.

Retornando às considerações de Sampaio Dória, seus principais argumentos para rejeitar uma fundamentação moral de abstenção da elisão tributária são os seguintes:

- Sendo o tributo uma prestação **compulsória**, seria irrelevante ponderar sobre aspectos éticos do comportamento do contribuinte. Sua conduta seria pautada pela cogência da norma, não por questões éticas ou morais. Nesse sentido, "seria falacioso e até falsamente virtuoso concitar o contribuinte a se abster da elisão fiscal. Afirma-se que, através desta, está ele fugindo às responsabilidades de cidadão esclarecido, usuário parasita dos serviços públicos".[15]
- Exigir que o contribuinte eleja o "processo *mais* oneroso, contraria o princípio fundamental da 'liberdade de conduta ou opção' do indivíduo, que é o pressuposto racional da elisão, uma vez para ela adequadamente qualificado como 'liberdade de conduta ou *opção legal não simulada*'".[16] [*Nota-se, aqui, como apontamos antes, que Sampaio Dória está tratando de exercício de opção legal não simulada, sendo que, como veremos, seu conceito de simulação é bastante amplo.*]

Conclui, então, o autor, que "a ética não irá resolver o problema da elisão, mas apenas a pronta, decidida e adequada ação do legislador, instado pelo poder executivo".[17]

Esta colocação nos permite ressaltar um aspecto relevante da teoria de Sampaio Dória. Segundo o autor, **tanto a evasão quanto a elisão são nocivas e devem ser evitadas pelo Estado**. A diferença se apresentaria quanto à legitimidade do controle, que, no caso da elisão, seria apenas do legislador.[18]

Uma vez que o antigo Professor da USP colocava o debate da ética tributária fora do campo das cogitações sobre os limites da elisão fiscal, ele igualmente rejeitava a atribuição de qualquer relevância

---

15 DÓRIA, Antonio Roberto Sampaio. *Elisão e Evasão Fiscal*. 2 ed. São Paulo: José Bushatsky, 1977. p. 125-126.

16 DÓRIA, Antonio Roberto Sampaio. *Elisão e Evasão Fiscal*. 2 ed. São Paulo: José Bushatsky, 1977. p. 126.

17 DÓRIA, Antonio Roberto Sampaio. *Elisão e Evasão Fiscal*. 2 ed. São Paulo: José Bushatsky, 1977. p. 128.

18 DÓRIA, Antonio Roberto Sampaio. *Elisão e Evasão Fiscal*. 2 ed. São Paulo: José Bushatsky, 1977. p. 25-27.

à motivação do contribuinte para a prática de determinado ato. Em suas palavras:

> "Se o indivíduo não excede das balizas legais, não se pode cogitar de fraude mas do exercício de direito nascido da liberdade de modelar cada qual, como melhor lhe aprouver, seus negócios e patrimônio. A motivação subjetiva (certa ou errada) que incitou o contribuinte a minimizar seus custos tributários é indiferente ao direito, importando, objetivamente apenas se o que ele concretizou deflagra efetivamente as antecipadas consequências fiscais."[19]

Por fim, não podemos deixar de comentar uma vez mais, demonstrando o caráter visionário do livro de Sampaio Dória, que já naquela época o autor, mesmo que apenas de passagem, cuidou de tema dos mais atuais no debate sobre planejamento tributário: a responsabilidade de assessores e intermediários. Em suas palavras, "também não nos parece passível de censura a atitude daqueles que, profissionalmente, têm por obrigação esclarecer e orientar os contribuintes pelos caminhos mais favoráveis da tributação".[20]

Em resumo:

- Sampaio Dória tem, inequivocamente, uma visão libertária dos limites do planejamento tributário, que prestigia a liberdade de opção não simulada, rejeitando aspectos éticos do que se poderia chamar atualmente de cidadania fiscal.[21]
- Nada obstante, como veremos a adiante, a extensão concreta da abordagem teórica deste autor somente pode ser compreendida a partir de seu conceito de simulação.

---

[19] DÓRIA, Antonio Roberto Sampaio. *Elisão e Evasão Fiscal*. 2 ed. São Paulo: José Bushatsky, 1977. p. 73. Em outra passagem, o autor reforça que "embora o fator ético e o econômico entendam intimamente com o fenômeno da evasão e da elisão, não se pode alcançá-los ao plano do jurídico, para sobrepujá-lo, sob pena de se instalar o arbítrio resultante da apreciação *subjetiva* de dados pré-jurídicos, onde deve reinar a segurança e a certeza, estabilizadas na norma *objetiva* de direito que já selecionou e cristalizou certos valores impostos ao intérprete e aplicador da lei" (DÓRIA, Antonio Roberto Sampaio. *Elisão e Evasão Fiscal*. 2 ed. São Paulo: José Bushatsky, 1977. p. 49).

[20] DÓRIA, Antonio Roberto Sampaio. *Elisão e Evasão Fiscal*. 2 ed. São Paulo: José Bushatsky, 1977. p. 128.

[21] Ver: ROCHA, Sergio André. *Fundamentos do Direito Tributário Brasileiro*. Belo Horizonte: Editora Letramento, 2020. p. 28.

## 2.1.2. PRINCÍPIOS TRIBUTÁRIOS NA OBRA DE SAMPAIO DÓRIA

Ao contrário de obras mais recentes sobre planejamento tributário, Sampaio Dória não deu grande destaque em seu estudo aos princípios tributários. Uma referência genérica é feita ao princípio da legalidade, na seção que refuta a possibilidade de aplicação da teoria da interpretação econômica no Brasil. Em textual:

> "Em consequência, o direito brasileiro, por sua notória inclinação legalista, revela-se infenso a tais métodos interpretativos.
> Primeiramente, a estrita *legalidade* dos tributos é cânone de natureza constitucional (Constituição Federal, art. 153, § 29). Ora, se o legislador prefere, para instituir a tributação, a terminologia jurídico-formal à indicação do conteúdo econômico, como pode o aplicador da lei, salvo se se transmudar em seu autor, inverter tal prioridade? [...]."[22]

Contudo, mesmo que tenha dedicado pouco espaço ao papel do princípio da legalidade nos limites do planejamento tributário, a opção de Sampaio Dória pela preferência da liberdade como valor e da segurança jurídica como princípio é bastante clara e pode ser inferida das passagens transcritas na seção anterior. Esta posição fica absolutamente clara quando o autor analisa os princípios da igualdade e da capacidade contributiva como limitadores do direito de economia de tributos. Em passagem bastante enfática, Sampaio Dória afirma que "do ponto de vista político, uma opção se impõe no sentido de predominar o princípio da legalidade, vetor de segurança e certeza jurídica, sobre os da capacidade contribuitiva e igualdade, guias ideais da atividade legislativa, que deve, entretanto, na formulação do direito positivo tributário, enfrentar realidades de poder nem sempre solícitas a ceder às necessidades de justiça fiscal".[23]

Com essas considerações, o autor reitera que o combate à elisão fiscal é tarefa do legislador, e não do juiz ou do Poder Executivo. Essa posição, em si, é uma defesa da predominância do princípio da legalidade e reitera a opção de Sampaio Dória pelos princípios de segurança jurídica.

Interessante notar que, quando da publicação do livro que estamos comentando, ainda não fora editado o clássico "Os Princípios da

---

[22] DÓRIA, Antonio Roberto Sampaio. *Elisão e Evasão Fiscal*. 2 ed. São Paulo: José Bushatsky, 1977. p. 96.

[23] DÓRIA, Antonio Roberto Sampaio. *Elisão e Evasão Fiscal*. 2 ed. São Paulo: José Bushatsky, 1977. p. 121.

Legalidade e da Tipicidade da Tributação", de Alberto Xavier.[24] Ainda assim, Sampaio Dória fez referência ao saudoso autor português, citando o seu **Conceito e Natureza do Acto Tributário**[25] como referência de suas considerações sobre o princípio da legalidade.

Contudo, não nos parece que as visões de Sampaio Dória e de Alberto Xavier sobre o alcance da legalidade tributária fossem idênticas. É só vermos, por exemplo, a análise de Dória sobre o emprego da analogia no Direito Tributário.

Com efeito, o autor que ora comentamos rejeitava o que chamava de analogia por extensão, mas aceitava o que denominava **analogia por compreensão**. Veja-se a seguinte passagem:

> "No entanto, parece-me, sem chegar a esse extremo, que no Direito Tributário a restrição ao emprego da analogia, para a criação de tributos sem lei, estaria restrita apenas à analogia por extensão, isto é, naquela hipótese em que estendemos a lei, digamos, que cria um tributo sobre determinado fato, para um fato apenas semelhante a este tributado em aspectos secundários. Quando, como disse aos senhores, se constata, se verifica realmente um processo criativo de direitos. **Quando se trata de analogia por compreensão, em que a semelhança é essencial, <u>não me parece que haja criação de direito</u>. Noutros termos, a hipótese, que é essencialmente igual à prevista na lei, como que virtualmente se contém na lei. Apenas a tarefa do intérprete é, diante de uma deficiência de expressão vocabular do legislador, <u>revelar a verdadeira intenção legislativa</u>**."[26] (Destaques nossos)

Note-se que nesta parte final, Sampaio Dória fala em "intenção legislativa", expressão que nos remete à finalidade da regra. O autor vai argumentar que é o grau de semelhança entre os fatos que autoriza a aplicação da analogia por compreensão, e nos dá um exemplo, como vemos a seguir:

> "Pois bem. Como é que se apura esse grau de semelhança? *Em função de critérios jurídicos*. Não há dúvida, por exemplo, que a troca, embora um negócio jurídico regulado individualmente pela legislação civil, é um negócio

---

**24** XAVIER, Alberto. *Os Princípios da Legalidade e da Tipicidade da Tributação*. São Paulo: Revista dos Tribunais, 1978.

**25** XAVIER, Alberto. *Conceito e Natureza do Acto Tributário*. Coimbra: Almedina, 1972.

**26** DÓRIA, Antonio Roberto Sampaio. Da Analogia em Matéria Tributária. In: DÓRIA, Antonio Roberto Sampaio; ROTHMANN, Gerd Willi. *Temas Fundamentais do Direito Tributário Atual*. Belém: CEJUP, 1983. p. 18.

essencialmente igual à compra e venda. Diz mesmo que a troca é uma dupla venda. Mas a venda, em regra, pressupõe um pagamento em dinheiro. A troca, ao contrário, pressupõe uma prestação em mercadoria, em bens. Mas se existe um imposto sobre a venda, parece – se a lei é omissa quanto às trocas – razoável utilizar-se o método analógico, para se chegar à conclusão de que a troca também é tributável. [...]."[27]

Não é nosso propósito rever, aqui, a teoria do Professor Alberto Xavier sobre legalidade e tipicidade. Contudo, parece-nos evidente que esta aplicação do imposto sobre vendas às permutas, sugerida por Sampaio Dória, não caberia na obra do autor português.

Este aspecto singelo nos chama a atenção para o fato de que temos sempre que dar um passo adiante em nossas inquirições. O autor proclamar-se um defensor da legalidade, ou de sua prevalência sobre outros princípios, diz muito pouco se não soubermos o que ele entende por legalidade e qual o seu alcance.

De outra parte, o Professor da USP tinha uma abordagem particular sobre a frustração do princípio da capacidade contributiva que decorreria da elisão fiscal. Uma vez mais sem qualquer evidência empírica, afirmava ele que tanto a concessão de benefícios fiscais[28] quanto a evasão tributária seriam muito mais danosas à capacidade contributiva do que a elisão. Por tal razão, afirmava ele que, embora a elisão também devesse ser combatida pelo legislador, não seria ela prioridade. Vejam-se suas palavras:

> "Na verdade, muito mais frustrante da capacidade contributiva é a massa de benefícios tributários concedidos no Brasil, de modo um tanto assistemático, favorecendo investimentos em regiões ou setores econômicos desvitalizados, em nome às vezes de uma pseudo-extrafiscalidade. É conveniente, aliás, a esse propósito não dramatizar a importância quantitativa da elisão. [...]

---

**27** DÓRIA, Antonio Roberto Sampaio. Da Analogia em Matéria Tributária. In: DÓRIA, Antonio Roberto Sampaio; ROTHMANN, Gerd Willi. *Temas Fundamentais do Direito Tributário Atual*. Belém: CEJUP, 1983. p. 19.

**28** Sobre o tema, vale a pena ler o capítulo V do seu **Direito Constitucional Tributário e "Due Process of Law"**: DÓRIA, Antônio Roberto Sampaio. *Direito Constitucional Tributário e "Due Process of Law"*. Rio de Janeiro: Forense, 1986. p. 127-173.

> Conquanto na escala de prioridades para o aperfeiçoamento dos sistemas tributários não colocássemos a neutralização da economia fiscal, e sim das demais espécies de evasão, nos primeiros estágios, não paira dúvida de que a eliminação progressiva dos *loopholes* deve ser preocupação constante das autoridades públicas. [...]."[29]

Em resumo, podemos concluir que:

- Em termos axiológicos e principiológicos, há poucas dúvidas quanto ao fato de que Sampaio Dória considerava o valor liberdade e o princípio da segurança jurídica e seus corolários como pilares do sistema tributário, tendo precedência sobre valores como justiça e solidariedade – esta, sequer considerada, por ter sido constitucionalizada com a Constituição de 1988 – e sobre princípios como a isonomia e a capacidade contributiva.
- Nada obstante, há indicações de que a noção de legalidade tributária de Dória era menos rígida do que aquela defendida por autores como Alberto Xavier, como se percebe ao se analisar sua posição a respeito da utilização da analogia no Direito Tributário.
- Mesmo com essa ressalva, parece-nos razoável afirmar que, considerando a classificação proposta neste trabalho, Sampaio Dória era um autor libertário.

Argumentamos em alguns estudos que a análise baseada em aspectos axiológicos e principiológicos não é decisiva para definir como determinado autor avaliará situações concretas.[30] Pode ser um ponto de partida, mas certamente não é um ponto de chegada.

Como aponta Marco Aurélio Greco, autores libertários tendem a ver na simulação o limite para prática de atos elisivos.[31] Nada obstante, e esta é a questão central, não há uniformidade entre os conceitos de simulação utilizados pelos diferentes autores. Esse aspecto é importantíssimo para que compreendamos a teoria de Sampaio Dória.

---

**29** DÓRIA, Antonio Roberto Sampaio. *Elisão e Evasão Fiscal*. 2 ed. São Paulo: José Bushatsky, 1977. p. 123.

**30** Ver: ROCHA, Sergio André. *Planejamento Tributário na Obra de Marco Aurélio Greco*. Rio de Janeiro: Lumen Juris, 2019. p. 105-107.

**31** GRECO, Marco Aurélio. *Planejamento Tributário*. 4 ed. São Paulo: Quartier Latin, 2019. p. 141.

## 2.2. A SIMULAÇÃO COMO LIMITE À ECONOMIA TRIBUTÁRIA LEGÍTIMA EM SAMPAIO DÓRIA

O autor não dedica longas páginas ao tema da simulação, embora já alerte, no início da seção que trata da matéria, que "muito mais complexa, tanto no plano da construção teórica como no de sua aplicação prática, é a distinção entre elisão e uma das espécies de fraude – a simulação fiscal".[32]

Ao tratar dos **elementos** da simulação, Sampaio Dória identifica os seguintes: "(a) deformação consciente e desejada da declaração de vontade, (b) levada a efeito com o concurso da parte à qual se dirige e (c) tendo por objetivo induzir terceiros em engano, inclusive, do ponto de vista tributário, o próprio Estado".[33]

Contudo, são as características atribuídas pelo autor à simulação que chamam mais a atenção. Vejamos:

- Quanto à **natureza dos meios**, "na simulação esconde-se, sob a habilidade maior ou menor do agente, sua ilicitude".
- Quanto à **ocorrência do fato gerador**, "na simulação o fato gerador *ocorre efetivamente*, mas vem desnaturado, em sua exteriorização formal, pelo artifício utilizado, de maneira que não é tipologicamente reconhecido, em sua aparência, como o pressuposto da incidência".
- Com relação à **eficácia dos meios**, na simulação "há em geral incompatibilidade entre a forma e o conteúdo, de sorte que o *nomen juris* pretende moldar e identificar uma realidade factual cujas características essenciais discrepam radicalmente daquelas que devem ser próprias do negócio ou categoria legal que foi empregada".
- No tocante aos **resultados**, "na simulação os efeitos reais são diversos daqueles ostensivamente indicados, os quais, a propósito, não haveria necessidade de redundantemente assinalar, visto como seriam as consequências naturais do negócio jurídico,

---

**32** DÓRIA, Antonio Roberto Sampaio. *Elisão e Evasão Fiscal*. 2 ed. São Paulo: José Bushatsky, 1977. p. 62.

**33** DÓRIA, Antonio Roberto Sampaio. *Elisão e Evasão Fiscal*. 2 ed. São Paulo: José Bushatsky, 1977. p. 64.

mas que não se produzem, por isto que vem ele viciado pela simulação".[34]

Não se percebe, segundo vemos, discrepância entre o que Sampaio Dória entende por simulação e o que sustentam autores como Marco Aurélio Greco e nós. Ao fim e ao cabo, estamos diante de uma situação em que há uma distorção do perfil objetivo do ato ou negócio jurídico, o qual não reflete os fatos efetivamente praticados pelo contribuinte.

Talvez esta questão fique ainda mais clara ao analisarmos os comentários que o autor faz sobre a teoria do abuso de formas jurídicas como limite para a elisão fiscal.

Com efeito, Dória rejeita o abuso de formas jurídicas como critério para restrição à elisão fiscal. Ele chega a afirmar que uma certa atipicidade é natural à elisão, ao argumentar que "uma anomalia em suas fímbrias, um que de insólito, uma aparência desusada dos meios, são elementos conaturais à elisão, condições essenciais para sua realização. Pois se uma dada situação de fato se exterioriza segundo seus moldes correntios, consagrados pela prática dos negócios, de duas uma: ou essa situação é normalmente tributável, ou ela escapa à tributação, porque diretamente beneficiada, nessa formação correntia, por uma elisão induzida pelo legislador, resultado que não levanta problemas de legitimidade".[35]

Nada obstante, uma leitura mais atenta da obra do Professor da USP permite-nos concluir que em grande medida sua rejeição à teoria do abuso de formas jurídicas deve-se ao fato de que, em sua visão, o mesmo integraria seu conceito de simulação. Afinal, como adverte o autor, "a rejeição da teoria do abuso das formas não deve, entretanto, deixar juridicamente irremediados os graves desvirtuamentos que certas categorias jurídicas sofreram nas mãos de contribuintes inescrupulosos e que, por certo, impressionaram seus autores, como todos os que deles tomaram conhecimento".[36]

---

[34] DÓRIA, Antonio Roberto Sampaio. *Elisão e Evasão Fiscal*. 2 ed. São Paulo: José Bushatsky, 1977. p. 65-67.

[35] DÓRIA, Antonio Roberto Sampaio. *Elisão e Evasão Fiscal*. 2 ed. São Paulo: José Bushatsky, 1977. p. 113.

[36] DÓRIA, Antonio Roberto Sampaio. *Elisão e Evasão Fiscal*. 2 ed. São Paulo: José Bushatsky, 1977. p. 115.

Neste particular, Sampaio Dória dialoga com o saudoso Professor da Uerj, Amílcar de Araújo Falcão, que foi um dos pioneiros no Brasil na defesa do abuso de formas jurídicas como critério para a desconsideração de atos praticados pelos contribuintes. Veja-se o seguinte exemplo, apresentado por Araújo Falcão e transcrito por Dória, de situação de configuraria abuso de formas jurídicas:

> "'Exemplo, aliás, colhido no direito alemão: existe lá um imposto geral sobre venda (*Umsatzsteuer*). Determinado contribuinte pretendia vender um automóvel a prestação. Para fugir à *Umsatzsteuer*, deliberou então fazer um contrato de locação de veículo, cobrando do suposto locatário um aluguel correspondente às prestações do preço de venda. Cercou o negócio das garantias equivalentes às que existiriam no negócio da venda. Por fim, assegurou ao locatário um direito de preferência para a compra do veículo, ao termo do contrato, por um preço determinado.
> Não há nenhuma lei, ou nenhum princípio de direito privado, que impeça a locação de automóveis em condições tais. Todavia, é patente a inequivalência entre a realidade econômica e a forma jurídica adotada; o único propósito era o de colher uma vantagem fiscal, uma evasão'."[37]

É importante reiterarmos que essas palavras são de Amílcar de Araújo Falcão, não de Sampaio Dória. Contudo, o que chama a atenção é que Dória **concordou com a caracterização de Falcão**, apenas defendendo tratar-se o caso ali descrito de uma simulação, e não de um abuso de forma jurídica. Vejam-se suas palavras (de Sampaio Dória):

> "Pois bem, afigurar-se-ia dispensável que, para descaracterizar a forma jurídica dita abusiva desses atos e permitir que emergisse sua verdadeira natureza dita econômica, se plasmasse nova teoria trazendo em seu bojo tantas imperfeições e ambiguidades, quando existe disponível em direito civil a figura da simulação, cujo préstimo é exatamente este de revelar uma das espécies de defeitos dos atos jurídicos. **Pois o que se qualifica como abuso de forma nada mais é senão simulação, em sua incidência fiscal. Quando, para efeitos tributários, se rejeita a forma (distorcida) e se traz à tona a realidade econômica (mascarada),** supostamente a única manifestação de autenticidade do negócio celebrado, está-se esquecendo que, também para fins de direito privado, aquela forma jurídica é ilusória e irrelevante, interessando apenas a essência íntima do negócio. Procede-se, em direito tributário, na suposição de que, para o direito civil, **seria sagrada a forma adotada pelos agentes, intocável o *nomen juris* que selecionaram, imutável a estrutura ostensiva que deram ao negócio, <u>por mais disparatados que fossem os efeitos reais</u>**, que viesse a produzir,

---

[37] DÓRIA, Antonio Roberto Sampaio. *Elisão e Evasão Fiscal*. 2 ed. São Paulo: José Bushatsky, 1977. p. 111-112.

quando contrastados com os efeitos próprios do negócio cuja forma aparente utilizaram. O que apelidaram de doação ou locação permanece como doação ou locação, ainda que os efeitos reais sejam o de uma venda. **Não obstante, nada mais longe da verdade**."[38] (Destaques nossos)

Há pouca, se é que há alguma, divergência entre o que sustenta Sampaio Dória e o que defende Marco Aurélio Greco no que este autor chama de "segunda fase" do controle dos planejamentos tributários ilegítimos.[39] É verdade que Greco trabalha com patologias que Dória rejeita. Contudo, o alcance dado por este ao conceito de simulação faz com que esse conceito seja suficiente para fundamentar a desconsideração e requalificação de atos e negócios jurídicos praticados "disparatados de seus efeitos reais".

Vale a pena destacar que Sampaio Dória vai dizer que a simulação "rejeita a forma (distorcida)" e "traz à tona a realidade econômica (mascarada)"!! Logo, não se está diante do império da forma. Não basta que ela seja lícita, é imprescindível que seja congruente com sua finalidade típica e com o que foi efetivamente realizado pelo contribuinte.

Esta relação entre forma aparente e forma típica aparece em sua afirmação de que "o que no fundo a teoria do abuso das formas propõe é uma falsa opção entre forma jurídica e substância econômica, quando se trata de uma alternativa autêntica entre *forma* JURÍDICA *aparente* (ou simulada) e *forma* JURÍDICA *real*. Acresce a ambiguidade e fluidez daquela doutrina em confronto com a precisão dos conceitos, critérios e métodos cristalizados em séculos de elaboração em torno da simulação".[40]

Em resumo:

- Por mais que esteja baseada na proteção da liberdade e no princípio da segurança jurídica e seus subprincípios, e que tenha sido a origem da difusão dos critérios da licitude e da anterioridade em relação ao fato gerador para a definição da elisão fiscal, vemos agora que a "liberdade de opção não simulada" de Sampaio

---

**38** DÓRIA, Antonio Roberto Sampaio. *Elisão e Evasão Fiscal*. 2 ed. São Paulo: José Bushatsky, 1977. p. 116-117.

**39** Ver: GRECO, Marco Aurélio. *Planejamento Tributário*. 4 ed. São Paulo: Quartier Latin, 2019. p. 282-287.

**40** DÓRIA, Antonio Roberto Sampaio. *Elisão e Evasão Fiscal*. 2 ed. São Paulo: José Bushatsky, 1977. p. 117.

Dória não se contenta com uma licitude meramente formal. Sua teoria vai exigir uma congruência entre a forma jurídica utilizada e os atos praticados, tratando como simulados atos ou negócios jurídicos em que haja um desnaturamento da forma jurídica empregada.

Temos insistido que é diante de casos concretos que os contornos das teorias sobre os limites do planejamento tributário efetivamente se apresentam.[41] Felizmente, temos alguma base para considerar a aplicação concreta da posição de Sampaio Dória, uma vez que ele dedicou o último capítulo de seu livro à análise de "hipóteses concretas de elisão". Ele apresenta três casos, dos quais, parece-nos, apenas um foi examinado com detalhe suficiente para nossa revisão. Este será o tema da próxima seção.

## 2.3. APLICAÇÃO CONCRETA DA TEORIA DO AUTOR: O CASO DO SEGURO DOTAL

O "planejamento" tributário envolvendo o seguro dotal tinha base no artigo 11, § 2º, do Decreto nº 24.239/1947, segundo o qual não seriam considerados no rendimento bruto da pessoa física "os prêmios de seguro restituídos em qualquer caso, inclusive no de renúncia do contrato". A estrutura contratual foi descrita por Sampaio Dória nos seguintes termos:

> "Consistia **essa evasão** em celebrar a pessoa física um contrato de seguro, pagando o prêmio (geralmente com recursos provindos de empréstimos concedidos pela própria seguradora) e cancelando-se ato contínuo o ajuste, diminuído de pequena importância correspondente ao lucro da seguradora no negócio. Ao preencher subsequentemente sua declaração de renda, o indivíduo abatia de seus ganhos o valor do prêmio pago e não incluía positivamente o valor do prêmio restituído, pois excluía a lei, de expresso, do rol de rendimentos tributáveis, as restituições de prêmio de seguro resultantes de renúncia ou cancelamento do contrato respectivo."[42]
> (Destaque nosso)

---

[41] Ver: ROCHA, Sergio André. Para que Serve o Parágrafo Único do Artigo 116 do CTN Afinal? In: GODOI, Marciano Seabra de; ROCHA, Sergio André (Coords.). *Planejamento Tributário: Limites e Desafios Concretos*. Belo Horizonte: Editora D'Plácido, 2018. p. 492-498.

[42] DÓRIA, Antonio Roberto Sampaio. *Elisão e Evasão Fiscal*. 2 ed. São Paulo: José Bushatsky, 1977. p. 135-136.

Já pela descrição nota-se a posição do autor sobre a estrutura contratual, que de início ele caracteriza como **evasão**. Basicamente o indivíduo contratava um seguro de vida sem buscar proteção contra qualquer sinistro, apenas para, passada a virada do ano e ocorrido o fato gerador do Imposto de Renda, cancelar o contrato. A única razão de ser do contrato era gerar a dedução do prêmio do seguro para a pessoa física.

O Supremo Tribunal Federal analisou essa transação em algumas oportunidades, considerando-a uma forma ilegítima de economia fiscal. Nesse sentido, podemos citar, por exemplo, a decisão no Recurso Extraordinário nº 40.518 (DJ de 26/08/61), cuja ementa transcrevemos a seguir:

> "Impôsto de renda. **Seguro de vida feito pelo contribuinte para furtar-se ao pagamento do tributo.** <u>Fraude à lei</u>. Além da primeira categoria de fraude à lei, consistente em violar regras imperativas por meio de engenhosas combinações cuja legalidade se apoia em outros textos, existe uma segunda categoria de **fraude no fato do astucioso que se abriga atrás da rigidez de um texto para fazê-lo produzir resultados contrários ao seu espírito**. O problema da fraude à lei é imanente a todo ordenamento jurídico, **que não pode ver, com indiferença, serem ilididas, <u>pela malícia dos homens</u>, as suas imposições e as suas proibições**. Executivo fiscal julgado procedente." (Destaques nossos)

Ao comentar as decisões do Supremo Tribunal Federal sobre o tema, Sampaio Dória argumentou:

> "Não vemos o que censurar nessa orientação. **Classificaríamos o contrato ajustado como tipicamente simulado** porquanto uma das características basilares, que a presumem, é a de o ato ter sido 'realizado para não ter eficácia ou para ser anulado em seguida. É a simulação absoluta, porque o agente não tenciona realizar ato algum, nem o aparente, nem qualquer outro'. **Ademais, o ajuste <u>não tinha qualquer objetivo material, mercantil, negocial, econômico, senão o de, exclusivamente, lesar o fisco</u>**. Diferente seria o caso do seguro dotal que realmente viesse a cobrir um risco efetivo e específico do agente que, superado o mesmo, cancelasse o seguro. Então, valendo-se de uma evidente lacuna da lei, a restituição do prêmio (o qual evidentemente viria diminuído de uma fatia maior que a companhia seguradora reteria certamente, em virtude da efetividade do risco havido) não ensejaria tributação. Resta saber se alguém se interessaria nessas circunstâncias em tirar proveito de tal lacuna."[43] (Destaques nossos)

---

[43] DÓRIA, Antonio Roberto Sampaio. *Elisão e Evasão Fiscal*. 2 ed. São Paulo: José Bushatsky, 1977. p. 137.

A análise deste caso afasta Sampaio Dória de autores que consideramos **libertários extremos**, cujo melhor exemplo talvez seja o Professor Ives Gandra da Silva Martins. Ao analisar este caso do seguro dotal, Ives Gandra, escrevendo em coautoria com José Ruben Marone, afirmou o seguinte:

> "Pelas razões aduzidas, não é possível no ordenamento jurídico brasileiro a aplicação do instituto da fraude à lei tributária, por conter hipótese de ficção em que se ignora a situação jurídica eleita como impeditiva da incursão no fato gerador do tributo, nos termos do inciso II do artigo 116 do CTN. No caso, a situação do seguro não é situação de fato, é sim jurídica, razão pela qual ignorá-la para tributar afronta a legalidade e todos os princípios constitucionais correlatos.
> Na hipótese julgada inocorreu a simulação cuja natureza é de ilicitude e acobertamento de fato gerador também inocorrido."[44]

Nota-se que para esses autores se foi celebrado um contrato de seguro, de acordo com as regras que lhe são aplicáveis, o mesmo não poderia ser desconsiderado, mesmo que, diante dos fatos, ficasse evidente que o elemento típico de um contrato de seguro, que é a indenização na eventualidade de um sinistro, nunca se fez presente.

É relevante notar que, mesmo negando explicitamente a relevância do propósito do contribuinte, Sampaio Dória ressaltou, em sua análise do caso do seguro dotal, que "o ajuste não tinha qualquer objetivo material, mercantil, negocial, econômico, senão o de, exclusivamente, lesar o fisco".

Este aspecto é interessante. Temos rejeitado, assim como Dória, que seja relevante analisar os motivos do contribuinte para a prática do ato ou negócio jurídico.[45] O controle do planejamento tributário é objetivo-formal, não subjetivo-intencional. Contudo, temos que reconhecer que é uma linha tênue que separa a distorção do perfil objetivo do ato ou negócio jurídico e a ausência de razões não tributárias para sua prática.

De fato, em uma situação em que se identifique a falta de congruência entre o que foi formalizado juridicamente e a realidade fática, como no caso do seguro dotal, sempre estará evidente que a prática do ato foi motivada exclusivamente pelo objetivo de economia tributária.

---

44 MARTINS, Ives Gandra da Silva; MARONE, José Ruben. Elisão e Evasão Fiscal – Estudo de Casos. In: YAMASHITA, Douglas (Coord.). *Planejamento Tributário à Luz da Jurisprudência*. São Paulo: Lex, 2007. p. 160-161.

45 ROCHA, Sergio André. *Planejamento Tributário na Obra de Marco Aurélio Greco*. Rio de Janeiro: Lumen Juris, 2019. p. 98-100.

Nada obstante, não se pode, a partir dessa constatação, passar à compreensão de que o motivo ou a motivação não tributária sejam decisivos para se sustentar a ilegitimidade do planejamento tributário realizado pelo contribuinte. Essa afirmação parece óbvia, mas às vezes o óbvio tem que ser dito.

Todo planejamento tributário, e até mesmo os atos evasivos, têm uma finalidade comum: evitar o recolhimento, reduzir o montante devido ou postergar o pagamento do tributo. Ou seja, a finalidade é sempre a mesma. Como o próprio nome indica, um **planejamento** é um ato ou uma série de atos pensados e coordenados para se alcançar um fim. Logo, a legitimidade dos atos do planejamento tributário não pode ser encontrada na finalidade buscada, mas nos meios empregados.

Assim, haverá situações em que o ato ou negócio jurídico será orientado por razões exclusivamente tributárias e, ainda assim, deverá ser aceito e respeitado pela fiscalização, diante da ausência de simulação, ou seja, pelo simples fato de haver congruência entre a realidade fática e forma jurídica adotada.

Temos um exemplo claro desse tipo de situação nos casos de redução de capital da pessoa jurídica com venda do ativo pela pessoa física, com uma tributação mais baixa do ganho de capital.

Argumenta-se que a única razão para a realização desse tipo de operação seria o tratamento fiscal mais vantajoso. Que seja! Pouco importa a finalidade. O relevante é verificar se houve ou não uma simulação. Se foi criada uma aparência de transferência do ativo para o sócio ou acionista, quando, de fato, transferência não houve. Não se identificando nenhuma dessas situações, há que se reconhecer a legitimidade dos atos praticados pelo contribuinte, independentemente de suas consequências.

## 2.4. SAMPAIO DÓRIA: UM LIBERTÁRIO MODERADO

Após esses comentários, podemos reiterar a afirmação que já apresentamos anteriormente, de que a teoria de Antonio Roberto Sampaio Dória sobre os limites do planejamento tributário legítimo é uma **teoria libertária moderada**.

É uma teoria libertária porque prega a prevalência do valor liberdade e, consequentemente, do princípio da segurança jurídica e seus subprincípios. Isso fica particularmente claro na seção de seu livro em que analisa a relação do planejamento tributário com os princípios da isonomia e da capacidade contributiva e sustenta que o princípio da legalidade se impõe sobre os demais.

Contudo, certamente o antigo Professor da USP era libertário moderado, a começar pela própria visão sobre o alcance do princípio da legalidade, como vimos ao analisar sua posição sobre o uso da analogia no Direito Tributário. Portanto, quando ouvirmos de um interlocutor, "prevalece a legalidade", temos que questionar, "mas o que é legalidade para você?", ou, como pondera Marco Aurélio Greco, "quanto de legalidade?".[46]

Mas a caracterização da teoria de Sampaio Dória como "moderada" reside de forma mais clara na sua posição sobre o conceito de simulação. Vimos que aqui o autor se distancia dos conceitos restritivos, aproximando-se de uma noção causalista, quase teleológica de simulação, que se manifesta quando se "pretende moldar e identificar uma realidade factual, cujas características essenciais discrepam radicalmente daquelas que devem ser próprias do negócio ou categoria legal que foi empregada".[47]

Nessa linha de ideias, não é qualquer legalidade, qualquer forma jurídica que legitima a economia de tributos. Como alertava Sampaio Dória em outra passagem: exige-se uma liberdade de opção não simulada, como vimos em sua análise sobre o caso do seguro dotal.

Alguns leitores provavelmente pensarão: "ora, o caso do seguro dotal é extremo demais, não tem como saber qual seria a posição de Sampaio Dória diante de casos mais complexos". De fato. Não podemos presumir qual seria a conclusão do autor em casos difíceis. Contudo, e esse é o desafio que tenho feito a interlocutores, já sabemos que de um libertário extremo não se trata.

## 3. CONCLUSÃO

Venho sustentando a hipótese de que as posições de libertários moderados e solidaristas moderados são muito mais próximas do que se pode presumir. A posição diante de casos concretos, não suas premissas axiológicas e principiológicas. Atualmente estou conduzindo pesquisa que busca testar essa hipótese.

---

46 GRECO, Marco Aurélio. *Planejamento Tributário*. 4 ed. São Paulo: Quartier Latin, 2019. p. 153-155.

47 DÓRIA, Antonio Roberto Sampaio. *Elisão e Evasão Fiscal*. 2 ed. São Paulo: José Bushatsky, 1977. p. 65-66.

A visão de Sampaio Dória sobre os limites do planejamento tributário legítimo era de defesa inconteste da liberdade, mas de uma liberdade não simulada, ou seja, da liberdade de opção do contribuinte, não para distorcer a realidade mediante a adoção de formas jurídicas exóticas, mas, sim, para efetivamente praticar atos ou negócios jurídicos que resultem na menor tributação, desde que congruentes com a realidade fática e com o seu perfil objetivo. Por essa razão, seguindo a classificação que propusemos na seção 1 deste artigo, entendemos a posição do autor como libertária moderada.

## REFERÊNCIAS BIBLIOGRÁFICAS

CARVALHO, João Rafael L. Gândara de. *Forma e Substância no Direito Tributário Brasileiro: Legalidade, Capacidade Contributiva e Planejamento Fiscal*. São Paulo: Almedina, 2016.

DÓRIA, Antônio Roberto Sampaio. *Direito Constitucional Tributário e "Due Process of Law"*. Rio de Janeiro: Forense, 1986.

DÓRIA, Antonio Roberto Sampaio. Da Analogia em Matéria Tributária. In: DÓRIA, Antonio Roberto Sampaio; ROTHMANN, Gerd Willi. *Temas Fundamentais do Direito Tributário Atual*. Belém: CEJUP, 1983.

DÓRIA, Antonio Roberto Sampaio. *Elisão e Evasão Fiscal*. 2 ed. São Paulo: José Bushatsky, 1977.

GRECO, Marco Aurélio. *Planejamento Tributário*. 4 ed. São Paulo: Quartier Latin, 2019.

MARTINS, Ives Gandra da Silva; MARONE, José Ruben. Elisão e Evasão Fiscal – Estudo de Casos. In: YAMASHITA, Douglas (Coord.). *Planejamento Tributário à Luz da Jurisprudência*. São Paulo: Lex, 2007.

ROCHA, Sergio André. *Fundamentos do Direito Tributário Brasileiro*. Belo Horizonte: Editora Letramento, 2020.

ROCHA, Sergio André. *Planejamento Tributário na Obra de Marco Aurélio Greco*. Rio de Janeiro: Lumen Juris, 2019.

ROCHA, Sergio André. Para que Serve o Parágrafo Único do Artigo 116 do CTN Afinal? In: GODOI, Marciano Seabra de; ROCHA, Sergio André (Coords.). *Planejamento Tributário: Limites e Desafios Concretos*. Belo Horizonte: Editora D'Plácido, 2018.

XAVIER, Alberto. *Os Princípios da Legalidade e da Tipicidade da Tributação*. São Paulo: Revista dos Tribunais, 1978.

XAVIER, Alberto. *Conceito e Natureza do Acto Tributário*. Coimbra: Almedina, 1972.

# III.
# O PLANEJAMENTO TRIBUTÁRIO NA OBRA DE HUGO DE BRITO MACHADO

**sumário** 1. Introdução. 1.1. Ressalva Terminológica Importante 2. Premissas Axiológicas e Principiológicas de Hugo de Brito Machado. 2.1. Aspectos Éticos da Elisão. 2.2. Princípios Tributários na Obra de Hugo de Brito Machado. 3. Limites à Economia Tributária Legítima em Hugo de Brito Machado. 3.1. O Parágrafo Único do Artigo 116 do CTN na Teoria de Hugo de Brito Machado. 4. Aplicação Concreta da Teoria do Autor. 4.1. O Caso do Seguro Dotal. 4.2. Atividades Personalíssimas Desempenhadas por Pessoa Jurídica. 4.3. Incorporação às Avessas. 4.4. O Caso da Montagem de Bem Importado. 4.5. Aluguel de Ativo e Responsabilidade por Sucessão. 5. Hugo de Brito Machado: Um Libertário Moderado. 6. Conclusão. Referências Bibliográficas.

## I. INTRODUÇÃO

Ao longo de décadas, Hugo de Brito Machado escreveu sobre planejamento tributário, culminando em seu trabalho monográfico mais extenso sobre o tema, intitulado "Introdução ao Planejamento Tributário", cuja primeira edição foi publicada em 2014[48], e a mais recente em 2019.[49] O primeiro texto do Professor cearense que analisamos para elaborar este artigo foi "Evasão Tributária", que data de 1988.[50] Além deste estudo, levamos em conta também outros seis artigos, publicados em 1998,[51] 2001,[52] 2007[53] e 2016.[54] Também foram

---

[48] MACHADO, Hugo de Brito. *Introdução ao Planejamento Tributário*. São Paulo: Malheiros, 2014.

[49] MACHADO, Hugo de Brito. *Introdução ao Planejamento Tributário*. 2 ed. São Paulo: Malheiros, 2019.

[50] MACHADO, Hugo de Brito. Evasão Tributária. In: MARTINS, Ives Gandra da Silva (Coord.). *Elisão e Evasão Fiscal*. São Paulo: Editora Resenha Tributária, 1988. p. 445-461.

[51] MACHADO, Hugo de Brito. O Planejamento Tributário e a Responsabilidade por Sucessão. In: ROCHA, Valdir de Oliveira (Coord.). *Planejamento Fiscal Teoria e Prática*. São Paulo: Dialética, 1998. p. 27-32; MACHADO, Hugo de Brito. O Planejamento Tributário: Isenção e Suspensão do IPI. In: ROCHA, Valdir de Oliveira (Coord.). *Planejamento Fiscal Teoria e Prática*. São Paulo: Dialética, 1998. p. 33-47.

[52] MACHADO, Hugo de Brito. A Norma Antielisão e o Princípio da Legalidade – Análise Crítica do Parágrafo Único do Art. 116 do CTN. In: ROCHA, Valdir de Oliveira (Coord.). *O Planejamento Tributário e a Lei Complementar 104*. São Paulo: Dialética, 2001. p. 105-116.

[53] MACHADO, Hugo de Brito. Planejamento Tributário e Crime Fiscal na Atividade do Contabilista. In: PEIXOTO, Marcelo Magalhães; ANDRADE, José Maria Arruda de (Coords.). *Planejamento Tributário*. São Paulo: MP Editora, 2007. p. 343-358; MACHADO, Hugo de Brito. Elisão e Evasão de Tributos. In: YAMASHITA, Douglas (Coord.). *Planejamento Tributário: à Luz da Jurisprudência*. São Paulo: LEX Editora, 2007. p. 103-128.

[54] MACHADO, Hugo de Brito. Planejamento Tributário. In: MACHADO, Hugo de Brito (Coord.). *Planejamento Tributário*. São Paulo: Malheiros, 2016. p. 19-50.

relevantes para nossa revisão da teoria do Professor Hugo de Brito Machado o seu "Curso de Direito Tributário",[55] seus "Comentários ao Código Tributário Nacional",[56] o seu livro "Princípios Jurídicos da Tributação na Constituição de 1988",[57] e o "Dicionário de Direito Tributário",[58] este escrito em coautoria com Schubert de Farias Machado.

Temos consciência de que a obra de Hugo de Brito Machado é muito mais abrangente. Contudo, tendo em conta os propósitos restritos deste artigo, esses textos nos pareceram os mais relevantes.

O estudo do planejamento tributário tem dois planos distintos que muitas vezes são misturados e confundidos, o que gera ruídos e equívocos difíceis de superar. O primeiro é o **plano ético, axiológico e principiológico**, em que se debatem os fundamentos do controle do planejamento tributário. Aqui entram em cena a existência, ou não, de uma "obrigação" moral de pagar o tributo devido; de um dever fundamental de pagar tributos e seus reflexos sobre o planejamento fiscal; a interconexão entre os valores liberdade, justiça e solidariedade no campo da tributação;[59] a definição dos princípios constitucionais que pautam os limites do planejamento tributário, etc.

A seu turno, **o segundo plano é aplicativo-concreto**. Neste âmbito, discutem-se os critérios de que o intérprete-aplicador do Direito se vale diante de atos e negócios jurídicos concretos, para caracterizá-los como atos ou como negócios jurídicos cujos efeitos devam ser acolhidos, sem contestação, pelas autoridades fiscais, ou como atos ou negócios jurídicos que possam ser desconsiderados e requalificados pela fiscalização.

---

[55] MACHADO, Hugo de Brito. *Curso de Direito Tributário*. 41 ed. São Paulo: Malheiros, 2020.

[56] MACHADO, Hugo de Brito. *Comentários ao Código Tributário Nacional*. São Paulo: Atlas, 2004. v. II; MACHADO, Hugo de Brito. *Comentários ao Código Tributário Nacional*. 2 ed. São Paulo: Atlas, 2008. v. II.

[57] MACHADO, Hugo de Brito. *Os Princípios Jurídicos da Tributação na Constituição de 1988*. 6 ed. São Paulo: Malheiros, 2019.

[58] MACHADO, Hugo de Brito; MACHADO, Schubert de Farias. *Dicionário de Direito Tributário*. São Paulo: Atlas, 2011.

[59] Ver: ROCHA, Sergio André. *Fundamentos do Direito Tributário Brasileiro*. Belo Horizonte: Editora Letramento, 2020. p. 71-92.

Segundo vemos, talvez o maior problema encontrado nos debates sobre o planejamento tributário nos últimos anos decorra das seguintes **abordagens**: (i) a excessiva relevância atribuída ao primeiro plano (ético, axiológico e principiológico); e (ii) a confusão entre os dois planos do debate, estabelecendo-se como premissa que uma certa posição quanto aos aspectos éticos, axiológicos e principiológicos leva, necessariamente, a uma visão determinada das questões aplicativas e concretas.

As duas abordagens referidas no parágrafo anterior, segundo vemos, estão **equivocadas**.

A **primeira abordagem** é uma leitura parcial. Ela foca os aspectos éticos, axiológicos e principiológicos como se fossem os únicos relevantes. Como consequência, equiparam-se autores considerando apenas suas posições nesses campos, sem uma maior preocupação com o plano aplicativo concreto.

Por outro lado, a **segunda abordagem**, mesmo que de forma inconsciente, tem como premissa que posições equivalentes no plano ético, axiológico e principiológico resultariam em manifestações unidirecionais na aplicação concreta. Em outras palavras, que o fato de dois ou mais autores concordarem sobre a prevalência da segurança jurídica sobre os demais princípios – em relação ao conteúdo e alcance dos princípios da legalidade, da tipicidade e da capacidade contributiva –, à necessidade de contenção do papel dos Poderes Executivo e Judiciário no campo do controle do planejamento tributário, resultaria na defesa do mesmo tipo de critério para a determinação da legalidade – ou legitimidade – da conduta do contribuinte em casos concretos.

O debate tributário, como de resto a vida em sociedade, parece ter-se polarizado em posições binárias extremadas, entre os que seriam supostamente defensores da liberdade de planejamento tributário e os que lhe oporiam restrições.

Essa abordagem binária, pretensamente redutora da complexidade da vida real, é tão comum quanto falsa e gera ruídos comunicacionais que impedem o avanço de debates construtivos para a definição dos limites do planejamento tributário.

Parece-nos, portanto, que a polarização binária da doutrina brasileira sobre planejamento tributário é falsa, havendo pelo menos quatro posições teóricas não uniformes que têm pontos de contato suficientes para serem reunidas em quatro grupos, a saber: (i) posições libertárias extremas;[60] (ii) posições libertárias moderadas; (iii) posições solidaristas moderadas; e (iv) posições solidaristas extremas.

Podemos estabelecer os critérios básicos de enquadramento em cada uma dessas categorias nos seguintes termos:

- **Posições libertárias extremas:** prevalência do valor liberdade e do princípio da segurança jurídica; legalidade e anterioridade em relação ao fato gerador como critérios não exclusivos de legitimação do planejamento tributário; conceito de simulação como vício de vontade; rejeição de outras patologias como limites da economia tributária legítima.
- **Posições libertárias moderadas:** prevalência do valor liberdade e do princípio da segurança jurídica; legalidade e anterioridade em relação ao fato gerador como critérios não exclusivos de legitimação do planejamento tributário; conceito amplo de simulação – como incongruência entre a forma empregada pelo contribuinte e o conteúdo do ato realmente praticado – e/ou utilização de outras patologias como limites da economia tributária legítima.
- **Posições solidaristas moderadas:** ponderação dos valores liberdade e solidariedade; legalidade e anterioridade em relação ao fato gerador como critérios não exclusivos de legitimação do planejamento tributário; conceito amplo de simulação – como incongruência entre a forma empregada pelo contribuinte e o conteúdo do ato realmente praticado – e/ou utilização de outras patologias como limites da economia tributária legítima.
- **Posições solidaristas extremas:** prevalência do valor solidariedade sobre o valor liberdade; possibilidade de desconsideração de atos e negócios jurídicos, mesmo que ausente qualquer patologia, com base na aplicação do princípio da capacidade contributiva.

Este artigo tem dois objetivos: **primeiro**, apresentar uma análise da teoria de Hugo de Brito Machado sobre o planejamento tributário e seus limites; **segundo**, classificar sua abordagem teórica em uma dessas quatro categorias.

---

60 As palavras "libertário" e "libertária" estão sendo usadas neste livro exclusivamente em relação a aspectos atinentes ao planejamento tributário, não tendo, assim, qualquer conotação política ou econômica.

Para os propósitos deste estudo, vamos analisar a obra de Hugo de Brito Machado sob três critérios: (i) suas premissas axiológicas e principiológicas; (ii) a simulação como limite à economia tributária legítima; e (iii) a aplicação concreta da teoria do autor.

## I.I. RESSALVA TERMINOLÓGICA IMPORTANTE

Temos sido críticos do exagero conceitual que por vezes toma conta do debate tributário brasileiro.[61] Não raro a controvérsia sobre o conceito se torna mais relevante do que a matéria debatida. A mesma crítica é apresentada de forma contundente pelo Professor Hugo de Brito Machado:

> "Temos afirmado, repetidas vezes, que é importante o cuidado com os conceitos quando se trata de estudo jurídico, porque a teoria nada mais é que um conjunto sistematizado de conceitos que nos permite conhecer um domínio da realidade. Na Teoria do Direito Tributário, infelizmente, não tem havido esse cuidado, e cada um parece querer impor aos demais a sua preferência.
> A maior dificuldade na compreensão da doutrina que trata do planejamento tributário deve-se precisamente à imprecisão dos conceitos utilizados e à diversidade de significados com que os doutrinadores empregam a mesma palavra. [...]."[62]

Este comentário do autor tem um foco específico: chamar a atenção e justificar o uso que ele faz dos termos "evasão e elisão fiscal".

Sabe-se que, tradicionalmente, a doutrina utiliza a expressão "evasão fiscal" para se referir a atos ilícitos praticados com a finalidade de não se pagar tributo, pagar menos do que o devido ou postergar seu recolhimento; e a expressão "elisão fiscal" para fazer referência a atos lícitos, implementados antes da ocorrência do fato gerador, com os mesmos objetivos.

Nada obstante, Hugo de Brito Machado utiliza as mesmas expressões de forma inversa. Em suas palavras:

> "Não há uniformidade terminológica na doutrina. Alguns preferem a palavra *evasão* para designar a forma ilícita de fugir ao tributo, e a palavra *elisão* para designar a forma lícita de praticar essa mesma fuga. Na verdade,

---

61 Cf. ROCHA, Sergio André. *Planejamento Tributário na Obra de Marco Aurélio Greco*. Rio de Janeiro: Lumen Juris, 2019. p. 103-107.

62 MACHADO, Hugo de Brito. *Introdução ao Planejamento Tributário*. 2 ed. São Paulo: Malheiros, 2019. p. 66-67.

porém, tanto a palavra evasão, como a palavra elisão, podem ser utilizadas em sentido amplo, como em sentido restrito. Em sentido amplo significam qualquer forma de fuga ao tributo, lícita ou ilícita, e, em sentido restrito, significam fuga ao dever jurídico de pagar o tributo e constituem, pois, comportamento ilícito.

Com efeito, *elisão* é o ato ou efeito de elidir, que significa eliminar, suprimir. E *evasão* é o ato de evadir-se, a fuga. Tanto se pode dizer *elisão fiscal*, no sentido de eliminação ou supressão do tributo, como *evasão fiscal* no sentido de fuga do imposto. Elisão e evasão têm sentidos equivalentes, e como anota Ferreira Jardim, 'qualquer dos termos pode revestir licitude ou ilicitude, pois ambos cogitam de economia tributária e podem ser utilizados em harmonia ou desarmonia com o direito positivo'.

Se tivermos, porém, de estabelecer uma diferença de significado entre esses dois termos, talvez seja preferível, contrariando a preferência de muitos, utilizarmos *evasão* para designar a conduta lícita, e *elisão* para designar a conduta ilícita. Realmente, elidir é eliminar, ou suprimir, e somente se pode eliminar, ou suprimir, o que existe. Assim, quem elimina ou suprime um tributo, está agindo ilicitamente, na medida em que está eliminando, ou suprimindo, a relação tributária já instaurada. Por outro lado, evadir-se é fugir, e quem foge está evitando, podendo a ação de evitar ser preventiva. Assim, quem evita pode estar agindo licitamente."[63]

Esta ressalva terminológica é muito importante para se evitarem interpretações equivocadas das manifestações de Hugo de Brito Machado, sendo relevante observar que para este autor **a elisão fiscal é ilícita** enquanto **a evasão fiscal é lícita**.

---

63 MACHADO, Hugo de Brito. A Norma Antielisão e o Princípio da Legalidade – Análise Crítica do Parágrafo Único do Art. 116 do CTN. In: ROCHA, Valdir de Oliveira (Coord.). *O Planejamento Tributário e a Lei Complementar 104*. São Paulo: Dialética, 2001. p. 107-108. Ver, também: MACHADO, Hugo de Brito. Planejamento Tributário e Crime Fiscal na Atividade do Contabilista. In: PEIXOTO, Marcelo Magalhães; ANDRADE, José Maria Arruda de (Coords.). *Planejamento Tributário*. São Paulo: MP Editora, 2007. p. 351-352. Esta posição segue sendo adotada pelo autor, cf. MACHADO, Hugo de Brito. *Introdução ao Planejamento Tributário*. 2 ed. São Paulo: Malheiros, 2019. p. 66-78; MACHADO, Hugo de Brito. *Os Princípios Jurídicos da Tributação na Constituição de 1988*. 6 ed. São Paulo: Malheiros, 2019. p. 55-56.

## 2. PREMISSAS AXIOLÓGICAS E PRINCIPIOLÓGICAS DE HUGO DE BRITO MACHADO

### 2.I. ASPECTOS ÉTICOS DA ELISÃO

Uma característica consistente da obra de Hugo de Brito Machado é a convicção de que não existe qualquer reprovação ética ao contribuinte que busca economia tributária. Muito pelo contrário, a sua teoria está escorada sobre o direito fundamental do contribuinte de perseguir, de forma lícita, o menor tributo possível.

Já em seu artigo de 1988, Hugo de Brito Machado, com base em Alfredo Augusto Becker, sustentava não ser antiética a economia de tributos, nos seguintes termos:

> "**Não se pode sequer considerar moralmente reprovável a conduta evasiva**. 'É aspiração naturalíssima e intimamente ligada à vida econômica, a de se procurar determinado resultado econômico com a maior economia, isto é, com a menor despesa (e os tributos que incidirão sobre os atos e fatos necessários à obtenção daquele resultado econômico, são parcelas que integrarão a despesa). Ora, todo indivíduo, desde que não viole regra jurídica, tem a indiscutível liberdade de ordenar seus negócios de modo menos oneroso, inclusive tributariamente. Aliás, seria absurdo o contribuinte, encontrando vários caminhos legais (portanto, lícitos) para chegar ao mesmo resultado, fosse escolher justamente aquele meio que determinasse o pagamento mais elevado'. (ALFREDO AUGUSTO BECKER, Teoria Geral do Direito Tributário, 2ª edição, Saraiva, São Paulo, 1972, pág. 122)."[64] (Destaque nosso)

Esta é uma posição que vai ser repetida em vários trabalhos do autor sobre planejamento tributário: a noção de que há um direito à economia tributária inerente à atividade econômica e à liberdade de iniciativa. Em suas palavras, "não se pode negar ao contribuinte o direito de escolher os atos ou negócios jurídicos cuja prática lhe permita não pagar ou pagar menos imposto do que teria que pagar se optasse por outras formas de agir. Não é razoável admitir-se que o contribuinte, geralmente um empresário, que sobrevive da lucratividade de suas atividades, seja obrigado a escolher exatamente as maneiras de agir que lhe acarretam maior ônus tributário".[65]

---

[64] MACHADO, Hugo de Brito. Evasão Tributária. In: MARTINS, Ives Gandra da Silva (Coord.). *Elisão e Evasão Fiscal*. São Paulo: Editora Resenha Tributária, 1988. p. 449.

[65] MACHADO, Hugo de Brito. Elisão e Evasão de Tributos. In: YAMASHITA, Douglas (Coord.). *Planejamento Tributário: à Luz da Jurisprudência*. São Paulo: LEX Editora,

Em outra publicação, sustenta o professor cearense que "entendido que o fundamento jurídico do planejamento tributário é a base oferecida pelo ordenamento jurídico para sua prática, podemos afirmar que no ordenamento jurídico brasileiro vigente a existência desse fundamento é indiscutível. O exame da Constituição Federal e do Código Tributário Nacional revela que o planejamento tributário tem efetivo fundamento jurídico nas garantias concernentes à livre iniciativa econômica, no princípio da legalidade em geral, no princípio da legalidade tributária e na inadmissibilidade de tributação por analogia".[66]

É interessante colocarmos essa posição no contexto da visão do Professor Hugo de Brito Machado sobre a tributação.

Com efeito, este autor destaca a relevância do tributo para o financiamento do Estado, afirmando que "a tributação é, sem sombra de dúvida, o instrumento de que se tem valido a economia capitalista para sobreviver. Sem ele não poderia o Estado realizar os seus fins sociais, a não ser que monopolizasse toda a atividade econômica. O tributo é inegavelmente a grande e talvez a única arma contra a estatização da economia".[67]

Nada obstante, não se pode confundir o reconhecimento por Hugo de Brito Machado da relevância da tributação com a defesa de sua legitimidade, principalmente na realidade brasileira contemporânea. De fato, segue o autor afirmando que:

> "Por outro lado, o Estado é perdulário. Gasta muito, e ao fazê-lo privilegia uns poucos, em detrimento da maioria, pois não investe nos serviços públicos essenciais dos quais esta carece, tais como educação, segurança e saúde. Assim, mesmo sem qualquer comparação com a carga tributária de outros países, é possível afirmar que a nossa é exageradamente elevada, posto que o Estado praticamente nada nos oferece em termos de serviços públicos. O serviço de segurança pública, por exemplo, é hoje de enorme precariedade. Por isto mesmo tem se elevado muito o gasto com a denominada segurança privada, que evidentemente não supre a ausência do serviço público, até porque a principal deficiência deste situa-se no sistema

---

2007. p. 109.

**66** MACHADO, Hugo de Brito. *Introdução ao Planejamento Tributário*. 2 ed. São Paulo: Malheiros, 2019. p. 85.

**67** MACHADO, Hugo de Brito. *Curso de Direito Tributário*. 41 ed. São Paulo: Malheiros, 2020. p. 24.

presidiário, que cada dia vem se tornando mais insuficiente, qualitativa e quantitativamente".[68]

Em outra passagem, Hugo de Brito Machado destaca que "o tributo, embora não seja propriamente uma agressão, não deixa de ser odioso, sobretudo porque o Poder Público utiliza os recursos arrecadados de forma perdulária, não presta a contento serviços essenciais, como a segurança pública, e não pune como deveria a prática de corrupção, que consome com extrema voracidade os recursos financeiros arrecadados".[69]

A defesa do direito de economia tributária como um fim da atividade empresarial, juntamente com a percepção de que o tributo seria, em si, odioso, e de que não haveria questões éticas associadas à busca do afastamento da tributação, faz com que a teoria de Hugo de Brito Machado sobre o planejamento fiscal seja essencialmente formal.

É importante destacarmos, contudo, que, como veremos adiante, nada na construção teórica deste autor indica o contentamento com a mera licitude formal como legitimadora de qualquer economia de tributos. Pelo contrário, Hugo de Brito Machado vai trabalhar com institutos como o abuso da forma e a fraude à lei como potencialmente limitadores dos atos praticados pelos contribuintes com vista ao menor pagamento de tributos. Logo, independentemente de seus pontos de partida axiológicos, a questão, como sempre, é a determinação da fronteira entre o comportamento dos contribuintes considerado lícito e aquele visto como ilícito.

## 2.2. PRINCÍPIOS TRIBUTÁRIOS NA OBRA DE HUGO DE BRITO MACHADO

A mesma ressalva apresentada anteriormente à necessidade de acordos semânticos sobre os termos utilizados por determinado autor é necessária quando analisamos os princípios tributários relevantes para o debate sobre os limites da economia de tributos na obra de Hugo de Brito Machado.[70] Afinal, como salienta o autor, "não há, é certo, con-

---

**68** MACHADO, Hugo de Brito. *Curso de Direito Tributário*. 41 ed. São Paulo: Malheiros, 2020. p. 25.

**69** MACHADO, Hugo de Brito. *Introdução ao Planejamento Tributário*. 2 ed. São Paulo: Malheiros, 2019. p. 125.

**70** Desde logo, temos que ressaltar que não analisaremos os aportes do autor sobre princípios tributários de forma ampla, restringindo nossas considerações àqueles que guardam conexão com os debates sobre os limites do planejamento tributário.

senso doutrinário em torno da questão de saber o que é um princípio jurídico".[71] Em suas palavras:

> "A resposta, evidentemente, varia de acordo com a postura jusfilosófica de cada um. Para os jusnaturalistas, não obstante divididos estes em várias correntes, é possível afirmar-se que os princípios jurídicos constituem *fundamento* do Direito Positivo. Neste sentido, portanto, o princípio é algo que integra o chamado Direito Natural. Para os positivistas, o princípio jurídico nada mais é do que uma norma jurídica. Não uma norma jurídica qualquer, mas uma norma que se distingue das demais pela importância que tem no sistema jurídico. Essa importância decorre de ser o princípio uma norma dotada de grande abrangência, vale dizer, de universalidade, de perenidade. Os princípios jurídicos constituem, por isto mesmo, a estrutura do sistema jurídico. São os princípios jurídicos os vetores do sistema. Daí que, no dizer de Celso Antônio Bandeira de Mello, 'violar um princípio é muito mais grave do que transgredir uma norma qualquer'."[72]

O conceito de princípio tem uma grande relevância na teoria de Hugo de Brito Machado sobre os limites do planejamento tributário.

De fato, certamente o princípio central em sua construção teórica é o da legalidade,[73] o qual, segundo o autor, "pode ser entendido em dois sentidos, a saber: a) o de que o tributo deve ser cobrado mediante o consentimento daqueles que o pagam, e b) o de que o tributo deve ser cobrado segundo normas objetivamente postas, de sorte a garantir plena segurança nas relações entre o Fisco e os contribuintes".[74]

O foco dado ao princípio da legalidade já é evidência de que, para Hugo de Brito Machado, o que se rejeita a todo custo é a noção de tributação de atos e fatos que não estejam objetivamente previstos em lei. Tanto que, juntamente com o princípio da legalidade o autor vai

---

[71] MACHADO, Hugo de Brito. *Os Princípios Jurídicos da Tributação na Constituição de 1988*. 6 ed. São Paulo: Malheiros, 2019. p. 19.

[72] MACHADO, Hugo de Brito. *Os Princípios Jurídicos da Tributação na Constituição de 1988*. 6 ed. São Paulo: Malheiros, 2019. p. 19.

[73] Como destaca o Professor, "resta evidente o sentido limitador que tem o princípio da legalidade tributária. Aliás, podemos afirmar que o princípio da legalidade é a mais importante limitação constitucional imposta ao poder de tributar, especialmente nos Estados em que está – como no Brasil – estabelecida a divisão dos Poderes estatais" (MACHADO, Hugo de Brito. *Introdução ao Planejamento Tributário*. 2 ed. São Paulo: Malheiros, 2019. p. 93).

[74] MACHADO, Hugo de Brito. *Os Princípios Jurídicos da Tributação na Constituição de 1988*. 6 ed. São Paulo: Malheiros, 2019. p. 23.

tratar do chamado princípio da tipicidade, afirmando que, "realmente, o princípio da legalidade, uma das maiores conquistas da Civilização contra o arbítrio dos governantes, tanto em matéria penal como em matéria tributária, pouco significaria sem a existência de *tipicidade*. Da mesma forma que não se pode admitir tipo penal inteiramente aberto, não se pode admitir tributo sem definição legal do tipo sobre o qual incide a lei tributária".[75]

Não é por outra razão que o Professor cearense defende de forma enfática que combater as oportunidades de economia tributária abertas pela legislação tributária é função do legislador, não da Administração Fazendária nem do Poder Judiciário. Como adverte Hugo de Brito Machado, "tendo em vista que em nosso ordenamento jurídico vigora o princípio da estrita legalidade da tributação, em face do qual não se admite a tributação por analogia, não temos dúvida de que evitar o planejamento tributário é um problema do legislador, e não do aplicador da lei tributária".[76]

Na mesma linha, naturalmente, Hugo de Brito negará a possibilidade de tributação por analogia no Direito Tributário Brasileiro. De acordo com o autor, "a vedação da cobrança de tributo por analogia decorre do princípio da legalidade. Está implícita nesse princípio constitucional. E o Código Tributário Nacional, com o dispositivo acima transcrito [*artigo 108, § 1º, do Código Tributário Nacional*], afastou qualquer dúvida, tornando explícita essa vedação".[77]

Percebe-se que, em larga medida, a inquietação de Hugo de Brito Machado é evitar a possibilidade de tributação sem base legal, daí a preocupação constante com a legalidade, a tipicidade e a proibição de analogia. Esta questão é tão presente na obra do autor que o faz questionar a própria natureza da legalidade como regra ou princípio.

Neste particular, o cuidado de Hugo de Brito Machado é com a caracterização da legalidade como princípio que implique na possibi-

---

[75] MACHADO, Hugo de Brito. *Introdução ao Planejamento Tributário*. 2 ed. São Paulo: Malheiros, 2019. p. 107.

[76] MACHADO, Hugo de Brito. Planejamento Tributário. In: MACHADO, Hugo de Brito (Coord.). *Planejamento Tributário*. São Paulo: Malheiros, 2016. p. 33. Ver, também: MACHADO, Hugo de Brito. *Introdução ao Planejamento Tributário*. 2 ed. São Paulo: Malheiros, 2019. p. 112-113.

[77] MACHADO, Hugo de Brito. *Introdução ao Planejamento Tributário*. 2 ed. São Paulo: Malheiros, 2019. p. 111.

lidade de sua ponderação com outros princípios, notadamente a capacidade contributiva, o que relativizaria, em seu sentir, a proteção dada ao contribuinte. Por tal razão, o Professor cearense defende que a legalidade é, em verdade, prioritariamente uma regra, a ser aplicada de forma absoluta. Vejamos suas lições:

> "A depender do critério utilizado para definir a *legalidade* como um *princípio* ou como uma *regra* jurídica é que se admitirá sua flexibilização e, com isto, se negará a tipicidade tributária como um direito fundamental do contribuinte.[78]
> [...]
> Vamos, então, estudar a distinção entre *princípios* e *regras* para explicar que, embora a legalidade tributária seja apontada como um *princípio*, ela deve ser considerada como uma *regra* no que concerne à sua estrutura e, por isto mesmo, não devemos admitir nenhuma forma de sopesamento.[79]
> [...]
> Seja como for, o que não se pode admitir é a consideração da legalidade como princípio, apenas para com isto viabilizar sua relativização. É um princípio, sim, por sua fundamentalidade, mas é uma regra, por sua estrutura fechada. Esta é a opção que fazemos tendo em vista o nosso direito positivo, que adota um sistema hierarquizado de normas, e por isso mesmo vamos nos referir seguidamente ao *princípio da legalidade*, mesmo em vista de sua fundamentalidade, sem que com isto estejamos admitindo sua relativização."[80]

O que notamos é que, na visão deste autor, o traço característico mais relevante de um princípio é a sua fundamentalidade, a qual Hugo de Brito Machado certamente atribui à legalidade. Contudo, esta seria insuficiente caso fosse possível tratá-la como princípio a partir de outros critérios que permitissem sua ponderação. Daí defender o autor que apenas pela fundamentalidade a legalidade seria um princípio, o qual operaria em termos estruturais como uma regra, aplicável de forma absoluta, sem exceções e ponderações que não aquelas previstas pela própria Constituição Federal.

Não se pode deixar de notar que essa posição de Hugo de Brito Machado tem uma função específica que é rejeitar a possibilidade de,

---

[78] MACHADO, Hugo de Brito. *Introdução ao Planejamento Tributário*. 2 ed. São Paulo: Malheiros, 2019. p. 94.

[79] MACHADO, Hugo de Brito. *Introdução ao Planejamento Tributário*. 2 ed. São Paulo: Malheiros, 2019. p. 98.

[80] MACHADO, Hugo de Brito. *Introdução ao Planejamento Tributário*. 2 ed. São Paulo: Malheiros, 2019. p. 101.

sob pretexto de se combater planejamentos tributários considerados ilegítimos, cobrar-se tributo sobre fatos não previstos em lei.

Nada obstante, o próprio Professor reconhece que a questão central no debate sobre o planejamento tributário consiste em determinar se o comportamento do contribuinte foi lícito ou ilícito. Como ele adverte, "por mais difícil que seja a identificação da fronteira entre o lícito e o ilícito, quando se questiona a respeito do planejamento tributário, não podemos deixar de considerar que este é o ponto decisivo para sabermos o que o contribuinte pode fazer sem ensejar reprimenda do Fisco".[81]

Esta definição – da legalidade ou ilegalidade do agir do contribuinte – não é, em si, uma questão de interpretação legal. Nesse sentido, observa Hugo de Brito Machado que "no contexto do *planejamento tributário* muitas questões podem ser colocadas além daquelas que decorrem da imprecisão da regra legal definidora da hipótese de incidência do tributo. Aliás, as questões suscitadas a propósito do planejamento tributário na verdade são, quase todas, alheias à definição da hipótese de incidência do tributo, embora a esta indiretamente digam respeito, na medida em que são concernentes à obtenção do resultado econômico semelhante àquele alcançado com a realização da hipótese de incidência ou fato gerador do tributo".[82]

Essa ponderação do Professor é relevantíssima. Afinal, como já pontuamos,[83] a definição concreta da existência de verdadeiro planejamento tributário, de economia fiscal legítima, depende da delimitação dos critérios que servirão de parâmetro para a revisão dos atos praticados pelo contribuinte. Logo, a solução de casos concretos pela teoria de Hugo de Brito Machado não se dá a partir da defesa que ele faz do princípio da legalidade e do alcance que lhe atribui, nem da afirmação de que há um direito do contribuinte à economia fiscal, mas sim dos critérios de que se vale este autor para separar atos lícitos de atos ilícitos.

---

81 MACHADO, Hugo de Brito. *Introdução ao Planejamento Tributário*. 2 ed. São Paulo: Malheiros, 2019. p. 79.

82 MACHADO, Hugo de Brito. *Introdução ao Planejamento Tributário*. 2 ed. São Paulo: Malheiros, 2019. p. 80.

83 ROCHA, Sergio André. *Planejamento Tributário na Obra de Marco Aurélio Greco*. Rio de Janeiro: Lumen Juris, 2019. p. 37-43.

## 3. LIMITES À ECONOMIA TRIBUTÁRIA LEGÍTIMA EM HUGO DE BRITO MACHADO

Ao contrário da maioria dos autores que defendem posições libertárias, ao analisar os critérios para separar a economia tributária lícita daquela que ele considera ilícita, Hugo de Brito Machado não se restringe aos atos simulados. Com efeito, além da simulação, este autor vai trabalhar com conceitos como abuso de direito e fraude à lei, por exemplo, mesmo que em alguns momentos aponte as dificuldades práticas de sua aplicação. Vai focar sua atenção na dicotomia lícito/ilícito para separar os atos que considera evasivos (lícitos) dos elisivos (ilícitos).

Se não rejeita outras formas de ilicitude além da simulação, é certo que Hugo de Brito Machado rejeita com veemência – e corretamente – a inquirição sobre os motivos e propósitos do contribuinte ao praticar os atos que levaram à economia tributária. De acordo com sua lição, "o que na verdade importa é saber se o fato realizado pelo contribuinte concretiza, ou não, a hipótese de incidência tributária. Se não concretiza, e para proporcionar o resultado desejado não transcende o campo da licitude, a sua prática é um direito do contribuinte. E não temos dúvida de que o propósito da escolha de determinada forma de alcançar um resultado econômico pode ser exclusivamente tributário. A exigência de propósito negocial constitui verdadeira falácia, como falácia é também a exigência de um propósito qualificado como extratributário".[84] O autor tratou do tema com mais detalhe em seu livro "Introdução ao Planejamento Tributário", nos seguintes termos:

> "Ocorre que o propósito exclusivamente tributário de evitar, reduzir ou postergar um tributo coincide com o objetivo essencial de toda e qualquer empresa, que é o de obter lucro. Não é razoável, portanto, entender que na escolha da forma de exercer suas atividades a empresa desconsidere o ônus da tributação.
> A nosso ver, portanto, pode a empresa escolher determinada forma jurídica para a prática de seus atos ou negócios jurídicos, tendo propósito exclusivamente tributário. Isto não torna ilícitos os seus atos, que, assim, não podem ser desconsiderados pela autoridade da Administração Tributária. A empresa pode, sim, fazer seu planejamento tributário, como tal entendido o planejamento de suas atividades econômicas, com propósito exclusiva-

---

[84] MACHADO, Hugo de Brito. Planejamento Tributário. In: MACHADO, Hugo de Brito (Coord.). *Planejamento Tributário*. São Paulo: Malheiros, 2016. p. 31.

mente tributário – vale dizer: tendo como motivo a eliminação, a redução ou a postergação de tributos."[85]

Se recusa a exigência de motivação não tributária para que se reconheça a legitimidade de planejamentos tributários, como apontamos, Hugo de Brito Machado aceita como limite da licitude do planejamento qualquer das patologias disciplinadas no Código Civil, incluindo o abuso de direito e a fraude à lei, dentro do que denomina "amplitude do conceito de ilícito".[86]

Em seu "Dicionário de Direito Tributário", escrito em coautoria com Schubert de Farias Machado, Hugo de Brito Machado definiu **abuso de direito** como a "conduta que aparentemente cumpre a lei, mas que na verdade tende a realizar fins por esta proibidos. Em Direito Tributário, é comum a referência a abuso de direito para dizer-se da conduta do contribuinte que aparentemente evita a ocorrência do fato gerador da obrigação tributária".[87]

O Professor é categórico ao afirmar que o "o abuso de direito é um ilícito e que sua presença autoriza a desconsideração do ato ou negócio jurídico".[88] Contudo, sempre ao tratar do tema, ressalta o quanto é difícil, na prática, identificar sua ocorrência. Em suas palavras, "no plano da teoria não é difícil saber o que significa a expressão 'abuso de direito'. Entretanto, é difícil saber, diante de uma situação concreta, se ele está, ou não, configurado. Em outras palavras: é fácil o estudo das questões, em tese; difícil é o enquadramento de cada caso concreto".[89]

---

[85] MACHADO, Hugo de Brito. *Introdução ao Planejamento Tributário*. 2 ed. São Paulo: Malheiros, 2019. p. 116.

[86] MACHADO, Hugo de Brito. *Introdução ao Planejamento Tributário*. 2 ed. São Paulo: Malheiros, 2019. p. 119.

[87] MACHADO, Hugo de Brito; MACHADO, Schubert de Farias. *Dicionário de Direito Tributário*. São Paulo: Atlas, 2011. p. 1.

[88] MACHADO, Hugo de Brito. *Introdução ao Planejamento Tributário*. 2 ed. São Paulo: Malheiros, 2019. p. 120. Ver, também: MACHADO, Hugo de Brito. Planejamento Tributário. In: MACHADO, Hugo de Brito (Coord.). *Planejamento Tributário*. São Paulo: Malheiros, 2016. p. 23.

[89] MACHADO, Hugo de Brito. *Introdução ao Planejamento Tributário*. 2 ed. São Paulo: Malheiros, 2019. p. 61.

Vale observar que, para o autor, abuso de direito e **abuso de forma jurídica** são expressões equivalentes.[90]

Note-se que Hugo de Brito Machado não tentou apresentar critérios objetivos para a definição de abuso de direito em situações concretas. Inclusive, neste particular, o autor sustenta que uma norma antielisiva pode ser útil "na medida em que permite seja adotada a desconsideração do ato ou negócio jurídico para fins tributários sem questionamento a respeito da configuração do abuso de direito, vale dizer, sem questionamento da ilicitude do ato ou negócio desconsiderado, mediante procedimento especial para esse fim e sem imposição de penalidade ao contribuinte".[91]

Ainda no campo da ilicitude, Hugo de Brito trabalha, também com o conceito de **fraude à lei.** Para o Professor, "é possível entender que a fraude à lei é um comportamento ilícito no Direito em geral, porque contrário às suas prescrições, embora aparentemente não o seja. Um comportamento que não contraria nenhum dispositivo expresso de lei, tomado em sua expressão literal, mas contorna a vedação expressa na lei e assim permite que seja alcançado um resultado proibido. Neste sentido, existe, sim, a fraude à lei, em qualquer ramo do Direito, inclusive no Direito Tributário, como se vê no exemplo que será adiante analisado, envolvendo dois acórdãos da Câmara Superior de Recursos Fiscais do Conselho de Contribuintes do Ministério da Fazenda".[92]

Naturalmente, além do abuso de direito e da fraude à lei, o autor considera, também, a simulação, entendida como "a ação de fingir a prática de um ato ou negócio jurídico com a finalidade de prejudicar terceiros, especialmente credores, inclusive o fisco, fazendo com que pareça existir uma situação que na verdade não existe – merecendo es-

---

**90** MACHADO, Hugo de Brito. *Introdução ao Planejamento Tributário.* 2 ed. São Paulo: Malheiros, 2019. p. 62; MACHADO, Hugo de Brito. Planejamento Tributário. In: MACHADO, Hugo de Brito (Coord.). *Planejamento Tributário.* São Paulo: Malheiros, 2016. p. 23.

**91** MACHADO, Hugo de Brito. *Introdução ao Planejamento Tributário.* 2 ed. São Paulo: Malheiros, 2019. p. 62.

**92** MACHADO, Hugo de Brito. Elisão e Evasão de Tributos. In: YAMASHITA, Douglas (Coord.). *Planejamento Tributário: à Luz da Jurisprudência.* São Paulo: LEX Editora, 2007. p. 107.

pecial destaque a afirmação que se vê na doutrina de que a simulação não se confunde com a fraude".[93]

Como já ressaltamos, o Professor cearense marca a fronteira entre o planejamento tributário – sempre lícito – e os comportamentos passíveis de questionamento pelas autoridades fiscais, na ilicitude destes últimos. Entretanto, ao rever as definições acima verificamos que quem espera um roteiro, uma fórmula para a separação segura entre o lícito e o ilícito não a encontrará na obra de Hugo de Brito Machado – como de resto se passa com os autores e autoras que se dedicaram ao tema. Como ele mesmo destaca, em advertência de grande lucidez, "**embora essa fronteira possa ser vista com certa facilidade diante de casos concretos, sua definição, em tese, é extremamente difícil**".[94] (Destaque nosso)

Já se vê que as posições de Machado jogam luz sobre sua visão do parágrafo único do artigo 116 do CTN, como analisaremos a seguir.

### 3.1. O PARÁGRAFO ÚNICO DO ARTIGO 116 DO CTN NA TEORIA DE HUGO DE BRITO MACHADO

Considerando os limites deste artigo, não iremos rever todas as considerações de Hugo de Brito Machado sobre a "norma geral antielisão", como ele mesmo a chama, prevista no parágrafo único do artigo 116 do Código Tributário Nacional.[95] O que nos interessa são os comentários do autor sobre sua natureza e a sua relação com os limites impostos à realização do planejamento tributário.

Desde a primeira vez que escreveu sobre o referido dispositivo, o Professor sustenta que a norma geral antielisiva prevista no parágrafo único do artigo 116 do CTN seria inconstitucional ou inútil.[96]

---

[93] MACHADO, Hugo de Brito. *Introdução ao Planejamento Tributário*. 2 ed. São Paulo: Malheiros, 2019. p. 66.

[94] MACHADO, Hugo de Brito. *Introdução ao Planejamento Tributário*. 2 ed. São Paulo: Malheiros, 2019. p. 126.

[95] MACHADO, Hugo de Brito. *Introdução ao Planejamento Tributário*. 2 ed. São Paulo: Malheiros, 2019. p. 129-130.

[96] MACHADO, Hugo de Brito. A Norma Antielisão e o Princípio da Legalidade – Análise Crítica do Parágrafo Único do Art. 116 do CTN. In: ROCHA, Valdir de Oliveira (Coord.). *O Planejamento Tributário e a Lei Complementar 104*. São Paulo: Dialética, 2001. p. 114; MACHADO, Hugo de Brito. *Comentários ao Código Tributário Nacional*. São Paulo: Atlas, 2004. v. II. p. 357-363.

Tendo em conta o que explicamos nas seções anteriores, é fácil compreender a posição do autor. Afinal, para ele, somente comportamentos ilícitos podem ser questionados pelas autoridades fiscais. Consequentemente, ou o ato praticado pelo contribuinte será lícito, e não poderá ser questionado pelo fisco, ou será ilícito e passível de desconsideração independentemente do parágrafo único do artigo 116 do Código. Vejamos suas palavras:

> "Temos sustentado que, a depender da interpretação que se dê à denominada norma geral antielisão, albergada pelo parágrafo único do art. 116 do CTN, dita norma terá de ser considerada *inconstitucional* ou *inútil*. Inconstitucional se interpretada de modo a amesquinhar o princípio da legalidade tributária. Inútil se interpretada dentro dos limites desse princípio, porque mesmo sem ela o Fisco já tem desconsiderado diversos atos ou negócios jurídicos por entender que foram praticados com *abuso de direito*, e os tribunais têm apoiado essa atitude em todos os casos nos quais entende configurado o abuso de direito."[97]

É interessante observar que, ao argumentar pela inutilidade do dispositivo, o autor se refere sempre ao fato de que a jurisprudência já reconhece o poder do Fisco de desconsiderar atos ilegais, mas não manifesta sua opinião sobre o tema. Afirma o Professor que, "se interpretada em harmonia com a Constituição, e assim aplicada apenas aos casos nos quais esteja configurado evidente abuso de direito, nada vai acrescentar, posto que nossa jurisprudência já admite a desconsideração de atos ou negócios em tal situação".[98]

Esta posição vai repercutir na interpretação que Hugo de Brito Machado dá ao vocábulo "dissimulação", empregado no parágrafo único do artigo 116 do CTN. Para Machado, "dissimulação é o ato ou efeito de 'dissimular', palavra empregada no parágrafo único do art. 116 do CTN para indicar conduta com a qual o contribuinte praticaria um ato ou negócio jurídico tentando esconder a ocorrência do fato gerador do tributo".[99] Hugo de Brito, então, vincula a noção de dissimulação com a de ato ilícito, em linha com a sua construção teórica, argumentando que "se, como nos parece mais acertado, entendermos a

---

[97] MACHADO, Hugo de Brito. *Introdução ao Planejamento Tributário*. 2 ed. São Paulo: Malheiros, 2019. p. 130.

[98] MACHADO, Hugo de Brito. *Comentários ao Código Tributário Nacional*. São Paulo: Atlas, 2004. v. II. p. 363.

[99] MACHADO, Hugo de Brito. *Introdução ao Planejamento Tributário*. 2 ed. São Paulo: Malheiros, 2019. p. 62.

dissimulação como o uso de artifício ou fraude, ou de abuso de forma jurídica, para evitar ou reduzir o tributo, teremos que concluir que o parágrafo único do art. 116 do Código Tributário Nacional é inútil, posto que a jurisprudência já vinha admitindo a desconsideração de atos ou negócios jurídicos em tais condições".[100]

## 4. APLICAÇÃO CONCRETA DA TEORIA DO AUTOR

Em 2007, foi publicado o livro "Planejamento Tributário à Luz da Jurisprudência", organizado por Douglas Yamashita.[101] O mérito deste livro foi ter pedido aos autores que analisassem casos concretos, manifestando sua opinião. Mesmo que seja um livro já antigo, diante da estabilidade das posições do Professor Hugo de Brito Machado sobre o tema do planejamento tributário, é possível utilizarmos suas análises nesta obra como referência, mesmo que relativa, da aplicação concreta de sua teoria.

Além das análises específicas apresentadas nesta obra, em seus escritos, o autor também apresenta algumas considerações sobre casos concretos, que analisaremos a seguir.

### 4.1. O CASO DO SEGURO DOTAL

O "planejamento tributário" envolvendo o seguro dotal tinha base no artigo 11, § 2º, do Decreto nº 24.239/1947, segundo o qual não seriam considerados no rendimento bruto da pessoa física "os prêmios de seguro restituídos em qualquer caso, inclusive no de renúncia do contrato". A estrutura contratual foi descrita por Sampaio Dória nos seguintes termos:

> "Consistia **essa evasão** em celebrar a pessoa física um contrato de seguro, pagando o prêmio (geralmente com recursos provindos de empréstimos concedidos pela própria seguradora) e cancelando-se ato contínuo o ajuste, diminuído de pequena importância correspondente ao lucro da seguradora no negócio. Ao preencher subsequentemente sua declaração de renda, o indivíduo abatia de seus ganhos o valor do prêmio pago e não incluía positivamente o valor do prêmio restituído, pois excluía a lei, de expresso, do rol de rendimentos tributáveis, as restituições de prêmio de

---

[100] MACHADO, Hugo de Brito. *Comentários ao Código Tributário Nacional*. São Paulo: Atlas, 2004. v. II. p. 377.

[101] YAMASHITA, Douglas (Coord.). *Planejamento Tributário à Luz da Jurisprudência*. São Paulo: Lex, 2007.

seguro resultantes de renúncia ou cancelamento do contrato respectivo."[102] (Destaque nosso)

O Supremo Tribunal Federal analisou essa transação em algumas oportunidades, considerando-a uma forma ilegítima de economia fiscal. Nesse sentido, podemos citar, por exemplo, a decisão no Recurso Extraordinário nº 40.518 (DJ de 26/08/61), cuja ementa transcrevemos a seguir:

> "Impôsto de renda. **Seguro de vida feito pelo contribuinte para furtar-se ao pagamento do tributo. Fraude à lei**. Além da primeira categoria de fraude à lei, consistente em violar regras imperativas por meio de engenhosas combinações cuja legalidade se apoia em outros textos, existe uma segunda categoria de **fraude no fato do astucioso que se abriga atrás da rigidez de um texto para fazê-lo produzir resultados contrários ao seu espírito**. O problema da fraude à lei é imanente a todo ordenamento jurídico, **que não pode ver, com indiferença, serem ilididas, pela malícia dos homens**, as suas imposições e as suas proibições. Executivo fiscal julgado procedente." (Destaques nossos)

Hugo de Brito Machado aproveitou este caso para apresentar suas considerações sobre a fraude à lei. O autor concluiu, como já vimos, que esta pode ser utilizada como critério para definir a ilicitude de atos praticados pelo contribuinte, desde que tal expressão não seja interpretada de forma a conferir poderes ao Fisco para limitar o planejamento tributário – sempre lícito. Observou o Professor cearense que seria possível "entender-se como fraude à lei no Direito Tributário a simples escolha de conduta permitida pela ordem jurídica com o objetivo de evitar ou reduzir tributo".[103]

Entretanto, ele não se manifestou de forma explícita a respeito deste caso, não sendo possível afirmar, com segurança, se ele entendeu que nele estaria configurada a fraude à lei.

---

102 DÓRIA, Antonio Roberto Sampaio. *Elisão e Evasão Fiscal*. 2 ed. São Paulo: José Bushatsky, 1977. p. 135-136.

103 MACHADO, Hugo de Brito. Elisão e Evasão de Tributos. In: YAMASHITA, Douglas (Coord.). *Planejamento Tributário: à Luz da Jurisprudência*. São Paulo: LEX Editora, 2007. p. 108.

## 4.2. ATIVIDADES PERSONALÍSSIMAS DESEMPENHADAS POR PESSOA JURÍDICA

O segundo caso analisado pelo Professor foi uma autuação envolvendo o técnico de futebol Luiz Felipe Scolari, por meio da qual as autoridades fiscais desconsideraram a pessoa jurídica que recebia os rendimentos do autuado. Veja-se, a seguir, a ementa do Acórdão nº 106-14.244 proferido pelo então Primeiro Conselho de Contribuintes em 2004:

> "IMPOSTO DE RENDA DAS PESSOAS FÍSICAS – São rendimentos da pessoa física para fins de tributação do Imposto de Renda aqueles provenientes – do trabalho assalariado, as remunerações por trabalho prestado no exercício de empregos, cargos, funções e quaisquer proventos ou vantagens percebidos, tais como salários, ordenados, vantagens, gratificações, honorários, entre outras denominações. IRPF – LANÇAMENTO DE OFÍCIO. DECADÊNCIA – Quando os rendimentos da pessoa física sujeitarem-se tão-somente ao regime de tributação na declaração de ajuste anual e independentemente de exame prévio da autoridade administrativa, por caracterizar-se lançamento por homologação, o prazo decadencial tem início em 31 de dezembro do ano-calendário, tendo o Fisco cinco anos, a partir dessa data, para realizar o lançamento de ofício. SIMULAÇÃO – Não se caracteriza simulação para fins tributários quando ficar incomprovada a acusação de conluio entre empregador, sociedade esportiva, e o empregado, técnico de futebol profissional, por meio de empresa já constituída com o fim de prestar serviços de treinamento de equipe profissional futebol. MULTA QUALIFICADA DE OFÍCIO – Para que a multa de ofício qualificada no percentual de 150% possa ser aplicada é necessário que haja descrição e inconteste comprovação da ação ou omissão dolosa, na qual fique evidente o intuito de sonegação, fraude ou conluio, capitulado na forma dos artigos 71, 72 e 73 da Lei nº 4.502/64, respectivamente. APROVEITAMENTO DE CRÉDITOS – Devem ser aproveitados na apuração de crédito tributário os valores arrecadados sob o código de tributos exigidos da pessoa jurídica cuja receita foi desclassificada e convertida em rendimentos da pessoa física, base de cálculo de lançamento de ofício. Recurso provido parcialmente."

Sem fazer referência expressa a este caso, o Professor comentou, em sua obra monográfica sobre o planejamento tributário, que a atitude do fisco, de "considerar infração à lei tributária o que seria apenas uma elisão,[104] ganhou expressão especialmente em relação à prestação de serviços por pessoas jurídicas, que autoridades da Administração

---

[104] Considerando a terminologia utilizada pelo autor, parece-nos que aqui ele quis dizer "o que seria apenas uma **evasão**", e não uma elisão.

Tributária entendiam como forma de fugir ao imposto de renda das pessoas físicas. Exemplo típico dessa atitude deu-se em relação a um conhecido treinador de futebol que havia constituído uma sociedade de prestação de serviços de sua especialidade, mas, ao firmar contrato com determinado clube, fez constar cláusula segundo a qual determinados serviços seriam prestados pelo referido treinador".[105]

O autor não fez maiores ponderações sobre os fatos que envolviam a pessoa jurídica criada pelo treinador de futebol para concluir por sua caracterização como planejamento tributário – logo, legítima economia de tributos. Hugo de Brito foi categórico ao concluir que "a nosso ver o Acórdão nº 106-14.244, do Conselho de Contribuintes do Ministério da Fazenda, é desprovido de validade jurídica, constituindo perigoso precedente na jurisprudência administrativa. O propósito de pagar menos imposto não pode ser motivo para a desconsideração da personalidade jurídica. Se pudesse, a própria existência de regimes tributários distintos, um para a pessoa física e outro para a pessoa jurídica, não teria sentido algum".[106]

### 4.3. INCORPORAÇÃO ÀS AVESSAS

Os últimos casos analisados por Hugo de Brito Machado na obra de 2007 foram duas autuações de "incorporação às avessas".

A decisão no Acórdão nº 401-01.857, proferido pela Câmara Superior de Recursos Fiscais em 1994, foi favorável ao contribuinte, sustentando que o contribuinte não teria praticado um ato simulado. Veja-se a ementa desta decisão:

> "IRPJ – SIMULAÇÃO NA INCORPORAÇÃO. Para que se possa materializar é indispensável que o ato praticado não pudesse ser realizado, fosse por vedação legal ou por qualquer outra razão. Se não existia impedimento para a realização da incorporação tal como realizada, e o ato praticado não é de natureza diversa daquele que de fato aparenta, isto é, se de fato e de direito não ocorreu ato diverso da incorporação, não há como qualificar-se a operação de simulação. Os objetivos visados com a prática do ato não interferem na qualificação do ato praticado, portanto, se o ato praticado

---

[105] MACHADO, Hugo de Brito. *Introdução ao Planejamento Tributário*. 2 ed. São Paulo: Malheiros, 2019. p. 143.

[106] MACHADO, Hugo de Brito. *Elisão e Evasão de Tributos*. In: YAMASHITA, Douglas (Coord.). *Planejamento Tributário: à Luz da Jurisprudência*. São Paulo: LEX Editora, 2007. p. 116.

era lícito, as eventuais consequências contrárias ao fisco devem ser qualificadas como casos de elisão fiscal e não de evasão lícita."

A análise de Hugo de Brito Machado sobre esta decisão é interessante, e mostra o papel da fraude à lei na sua teoria. Como a legislação veda a transferência de prejuízos fiscais da incorporada para a incorporadora, ele entendeu que esta decisão estaria equivocada por não ter reconhecido a ilicitude – fraude à lei – da conduta do contribuinte. Vejamos suas considerações:

> "A incorporação é permitida. A lei tributária proíbe a compensação do prejuízo nas condições que indica, para impedir que a base de cálculo do imposto de renda da empresa subsistente seja reduzida. Quem frustra esse resultado, seja violando diretamente a norma proibitiva, seja violando essa norma de forma indireta, deve subordinar-se às sanções correspondentes, vale dizer, o pagamento do imposto de renda, ou da diferença deste, e da multa respectiva.
> Com o Acórdão CSRF/01 nº 01.857, o Conselho de Contribuintes do Ministério deixou de considerar a fraude à lei. Considerou inexistente a simulação, e com isto deu pela improcedência da ação fiscal. É certo que ao sustentar a procedência desta, o Fisco parece haver invocado ocorrência de simulação, e, em sendo assim, também incorreu em equívoco. Mas o órgão não está adstrito aos argumentos jurídicos desenvolvidos pelas partes. Prevalece no caso o 'dá-me o fato que te darei o direito'. Como o fato posto no caso configurava exemplo típico de fraude à lei, a ação fiscal deveria ter sido julgada procedente".[107]

No segundo caso apresentado para análise dos autores do livro, a decisão havia sido contrária ao contribuinte, tendo considerado que a incorporação de empresa lucrativa por outra deficitária não geraria o direito de compensação dos prejuízos fiscais da incorporadora. Veja-se a ementa da decisão no Acórdão nº 01-02.107, de 1996:

> "IRPJ – 'INCORPORAÇÃO ÀS AVESSAS' – MATÉRIA DE PROVA – COMPENSAÇÃO DE PREJUÍZOS FISCAIS – A definição legal do fato gerador é interpretada abstraindo-se da validade jurídica dos atos efetivamente praticados. Se a documentação acostada aos autos comprova de forma inequívoca que a declaração de vontade expressa nas atas de incorporação era enganosa para produzir efeito diverso do ostensivamente indicado, a autoridade fiscal não está jungida aos efeitos jurídicos que os atos produziriam, mas à verdadeira repercussão econômica dos fatos subjacentes."

---

107 MACHADO, Hugo de Brito. Elisão e Evasão de Tributos. In: YAMASHITA, Douglas (Coord.). *Planejamento Tributário: à Luz da Jurisprudência*. São Paulo: LEX Editora, 2007. p. 127-128.

Hugo de Brito Machado aplaudiu a decisão, por esta ter reconhecido a existência de fraude à lei. Segundo o autor, "com o Acórdão CSRF/01 nº 02.107 o Conselho de Contribuintes do Ministério da Fazenda decidiu bem, posto de que considerou a incorporação às avessas como uma fraude à lei e deu pela procedência da ação fiscal com o objetivo de aplicar ao infrator a mesma sanção cominada para quem viola diretamente a norma proibitiva albergada pelo artigo 514 do vigente Regulamento do Imposto de Renda".[108]

Feitos esses comentários, temos que registrar o que é uma contradição aparente nas posições do Professor Hugo de Brito Machado sobre o tema da "incorporação às avessas".

Com efeito, o autor tratou da matéria no volume II de seus "Comentários ao Código Tributário Nacional", publicado pela primeira vez em 2004. Ao descrever o caso, Hugo de Brito Machado salientou que "o legislador tentou coibir essa prática *[incorporação de empresa com prejuízo fiscal por empresa lucrativa]* mas foi inábil. Proibiu a compensação de prejuízos oriundos de empresas incorporadas. A prática inverteu-se. As empresas deficitárias passaram a incorporar empresas lucrativas e a compensação de prejuízos continuou acontecendo. As autoridades da Administração Tributária consideram ilícita essa prática, mas os próprios órgãos de julgamento administrativo admitem-na com razão, por ser um comportamento lícito, uma fórmula permitida pela ordem jurídica".[109]

Adiante, o Professor defendeu de forma clara a incorporação de empresa lucrativa por outra deficitária, nos seguintes termos:

> "A rigor, a incorporação de sociedades é um procedimento lícito que não pode ser proibido apenas porque eventualmente utilizado para reduzir o valor do Imposto de Renda. Afinal, o imposto deve ser calculado sobre o lucro efetivamente existente e, desde que as pessoas jurídicas se unam, o lucro tributável há de ser necessariamente o saldo positivo, se houver. A proibição dessa prática, ainda que albergada em lei, é de validade duvidosa, pois implica tributar um lucro inexistente.
> Em face da norma segundo a qual a pessoa jurídica sucessora por incorporação, fusão ou cisão não poderá compensar prejuízos da sucedida, é

---

[108] MACHADO, Hugo de Brito. Elisão e Evasão de Tributos. In: YAMASHITA, Douglas (Coord.). *Planejamento Tributário: à Luz da Jurisprudência*. São Paulo: LEX Editora, 2007. p. 128.

[109] MACHADO, Hugo de Brito. *Comentários ao Código Tributário Nacional*. São Paulo: Atlas, 2004. v. II. p. 370.

razoável sustentar-se que a pessoa sucessora pode compensar prejuízos seus, com lucros da sucedida. [...].

[...] A rigor, a compensação de prejuízos não constitui favor legal, mas simples forma de ajustar o fato gerador do tributo, vale dizer, o acréscimo patrimonial, à realidade. Se uma pessoa jurídica tem prejuízo e incorpora uma pessoa jurídica lucrativa como forma de salvação da empresa, vale dizer, para evitar a quebra da empresa, não parece válida a norma que vede a compensação de prejuízo de sorte a que incida o Imposto de Renda somente sobre o saldo. Mesmo quando a pessoa jurídica lucrativa incorpora uma outra com prejuízos acumulados não nos parece válida a vedação. Cuida-se de operação prevista em lei, que pode ser utilizada com o objetivo de melhor desempenho econômico e por isso não merece a restrição de ordem tributária. Se o prejuízo é real, vale dizer, se não foi forjado apenas com a finalidade de ensejar a fusão, ou a incorporação, como forma de reduzir o Imposto de Renda devido, não há por que vedar a compensação de prejuízos."[110]

Embora este texto seja de 2004, anterior, portanto, aos comentários publicados no livro organizado por Douglas Yamashita, que são de 2007, na edição de 2008 dos "Comentários", Hugo de Brito Machado os repete.[111]

Como conciliar as duas posições? Parece-nos que a única maneira é entendermos que, nos "Comentários", Hugo de Brito Machado refere-se à operação de "incorporação às avessas" em tese. De fato, não se pode argumentar, aprioristicamente, que a incorporação de uma empresa lucrativa por outra deficitária seria, em si, um ato ilícito. Trata-se de operação lícita e legítima que deve ser admitida pelas autoridades fiscais.

Nada obstante, já mencionamos que Machado ressalta a relevância da situação fática concreta. Assim, transações consideradas lícitas e legítimas *a priori* podem se mostrar ilícitas e ilegítimas diante de casos concretos. Como na obra de 2007 Hugo de Brito Machado comentava casos concretos, é possível que, naqueles casos, tenha considerado a conduta dos contribuintes ilícita, independentemente de entender que, em abstrato, as "incorporações às avessas" refletem atos lícitos.

---

[110] MACHADO, Hugo de Brito. *Comentários ao Código Tributário Nacional*. São Paulo: Atlas, 2004. v. II. p. 371-372.

[111] MACHADO, Hugo de Brito. *Comentários ao Código Tributário Nacional*. 2 ed. São Paulo: Atlas, 2008. v. II. p. 359-361.

### 4.4. O CASO DA MONTAGEM DE BEM IMPORTADO

Este é um caso que o Professor Hugo de Brito Machado comentou em alguns escritos sobre o tema do planejamento tributário.[112] Em linhas gerais, na situação concreta, a importação de um determinado produto acabado tinha a alíquota de Imposto de Importação e de IPI mais alta do que a alíquota incidente no caso de importação das suas peças. O contribuinte, então, optou por importar as peças separadamente e montar o produto no Brasil. Acredito que a descrição mais detalhada esteja em seu livro "Introdução ao Planejamento Tributário":

> "Um fato do qual tomamos conhecimento em nossa atividade profissional presta-se como exemplo dessa atitude do Fisco, que reputamos importante colocar neste contexto, para que o leitor tire suas próprias conclusões. O fato é o seguinte: um comerciante que vendia ventiladores importados verificou que as alíquotas do imposto de importação e do IPI incidentes sobre a importação de peças para ventiladores eram menores do que as alíquotas desses impostos incidentes sobre a importação de ventiladores. E, então, resolveu constituir uma empresa para montar ventiladores no País. Importava as peças, menos o motor, que comprava de indústria local, e montava ventiladores.
> O Fisco formulou contra a referida empresa a exigência dos impostos, calculados com a alíquota mais elevada. [...]
> Não temos dúvida quanto à existência do direito de uma empresa de importar peças e fazer a montagem no território nacional como forma de suportar menor ônus tributário, e nos parece que o estabelecimento de alíquotas menores para a importação de peças em relação às alíquotas relativas à importação do produto pronto tem a finalidade de estimular empresas a instalar montadoras no País, pois com isso será aumentada a oferta de empregos. Assim, pode-se afirmar que a própria edição do ato que estabeleceu as alíquotas, no caso, estimula a escolha com o propósito tributário, vale dizer, com o propósito de economizar tributo. E, a nosso ver, a autoridade da Administração Tributária, competente para estabelecer as alíquotas do imposto de importação e do IPI, fixou alíquotas menores para a importação de peças com o propósito de estimular a instalação, em nosso território, de empresas montadoras."[113]

---

[112] MACHADO, Hugo de Brito. Elisão e Evasão de Tributos. In: YAMASHITA, Douglas (Coord.). *Planejamento Tributário: à Luz da Jurisprudência*. São Paulo: LEX Editora, 2007. p. 110-111; MACHADO, Hugo de Brito. *Comentários ao Código Tributário Nacional*. São Paulo: Atlas, 2004. v. II. p. 372-372.

[113] MACHADO, Hugo de Brito. *Introdução ao Planejamento Tributário*. 2 ed. São Paulo: Malheiros, 2019. p. 93.

Este é mais um caso em que a relevância dos fatos salta aos olhos. Vê-se que Hugo de Brito Machado o tempo todo considera condutas concretas, reais. Quando se refere à montagem do produto no Brasil, considera a existência de uma empresa efetiva, com instalações e empregados. Como diz em outro texto, "a alíquota menor para a importação de componentes tem precisamente o objetivo de estimular a importação destes, com a montagem do produto no país, o que significa dar empregos no território nacional".[114]

Este é um bom caso para testarmos as convicções sobre os limites do planejamento tributário. Como vimos defendendo, o planejamento tributário legítimo envolve atos reais, efetivamente praticados pelo contribuinte e coerentes com o perfil objetivo do ato ou negócio jurídico realizado. Se o contribuinte resolve estabelecer uma empresa montadora, e ela existe de fato, com instalações e empregados, e desempenha uma atividade real, será irretocável a sua conduta, gerando uma economia fiscal legítima. Do contrário, se o contribuinte apenas cria uma forma jurídica da operação, que não ocorre em realidade, estaremos diante de um planejamento ilegítimo, passível de desconsideração pelas autoridades fiscais.

### 4.5. ALUGUEL DE ATIVO E RESPONSABILIDADE POR SUCESSÃO

Este caso foi comentado por Hugo de Brito Machado em obra publicada em 1998. A questão apresentada referia-se a planejamento tributário para evitar a aplicação da regra da responsabilidade por sucessão prevista no artigo 133 do Código Tributário Nacional para os casos de aquisição de fundo de comércio ou estabelecimento comercial. No modelo cogitado pelo autor, em vez de um contrato de compra e venda, as partes celebraram um contrato de locação que permitia ao "comprador" usar, gozar e fruir do ativo sem correr o risco de ser responsabilizado por débitos fiscais do locador/"vendedor". Transcrevemos abaixo a descrição da situação pelo autor:

> "Há, entretanto, uma fórmula, capaz de viabilizar o negócio, conduzindo a situação praticamente equivalente à que seria decorrente da aquisição, sem que o 'adquirente' assuma a responsabilidade pelas dívidas do 'alienante'. Um contrato de locação. Fórmula já em 1972 submetida ao crivo da Secretaria da Receita Federal, e por esta admitida como lícita, que na verdade é.

---

[114] MACHADO, Hugo de Brito. *Comentários ao Código Tributário Nacional*. São Paulo: Atlas, 2004. v. II. p. 372.

O art. 133 do Código Tributário Nacional refere-se a *adquirir de outra, por qualquer título*. Poderia parecer, então, que o bem era locado. Afinal o locador realmente adquire alguns direitos sobre os bens objeto da locação. Ocorre que, como bem elucidou a manifestação da Receita Federal a respeito dessa questão, 'se a lei não explicita a quais direitos se refere a aquisição, deve-se entender que é a todos, e só o domínio enfeixa todos os direitos sobre o respectivo bem."[115]

Por mais que nessa passagem o autor tenha afirmado que esse tipo de operação seria lícito, adiante o Professor cearense aprofunda-se nesta análise, fazendo ressalvas:

"De todo modo, há de se estar sempre muito clara a diferença que há entre planejamento tributário e fraude. Se o que consta dos documentos corresponde aos fatos efetivamente ocorridos, se no caso de que se cuida faz-se um contrato de locação e na verdade é de uma locação que se cogita, a situação pode ser tratada como de planejamento tributário. Se o contrato de locação é apenas uma fórmula de encobrir um contrato de compra e venda, então poderá, em vez de planejamento tributário, restar configurada uma fraude.

Se a empresa sucedida pertencia aos mesmos donos da empresa sucessora, o contrato de locação pode ser simplesmente uma forma de acobertar uma transmissão de propriedade de uma para outra pessoa jurídica, disfarçando a aquisição, para evitar a responsabilidade do sucessor."[116]

Nota-se que Hugo de Brito Machado, em verdade, leva a discussão sobre a legitimidade deste modelo de negócio jurídico para a revisão dos fatos concretos. Por mais que – corretamente – rejeite a caracterização apriorística do aluguel como ato passível de desconsideração pelas autoridades fiscais, o autor ressalta que essa conclusão depende dos atos efetivamente praticados.

## 5. HUGO DE BRITO MACHADO: UM LIBERTÁRIO MODERADO

Após esses comentários, podemos reiterar a afirmação que já apresentamos anteriormente, de que a teoria de Hugo de Brito Machado

---

[115] MACHADO, Hugo de Brito. O Planejamento Tributário e a Responsabilidade por Sucessão. In: ROCHA, Valdir de Oliveira (Coord.). *Planejamento Fiscal Teoria e Prática*. São Paulo: Dialética, 1998. p. 31.

[116] MACHADO, Hugo de Brito. O Planejamento Tributário e a Responsabilidade por Sucessão. In: ROCHA, Valdir de Oliveira (Coord.). *Planejamento Fiscal Teoria e Prática*. São Paulo: Dialética, 1998. p. 32.

sobre os limites do planejamento tributário legítimo é uma **teoria libertária moderada**.

Os pontos de partida da teoria do Professor cearense estão todos calcados no princípio da segurança jurídica, especialmente no princípio/regra da legalidade tributária. Com isso, Hugo de Brito Machado manifesta uma preocupação e uma rejeição veemente à cobrança de tributos sobre fatos não previstos de forma clara e taxativa em lei. Coerente com esta posição, o autor reconhece um direito fundamental ao planejamento tributário e à economia de impostos, desde que baseada em atos lícitos.

Quando passa à análise das fronteiras entre a licitude e a ilicitude neste campo, Hugo de Brito Machado adota uma teoria ampla de ilicitude, para considerar que além da simulação, outras figuras como o abuso de direito (que conteria o abuso de formas jurídicas) e a fraude à lei também seriam causa de ilicitude da economia de tributos.

Nada obstante, é apenas diante de situações concretas que podemos ter uma clareza maior sobre suas posições. Embora evite posições apriorísticas sobre a ilicitude de determinadas operações, nota-se que a teoria de Hugo de Brito Machado "não é teórica". Ele destaca a dificuldade da delimitação em abstrato da linha divisória entre lícito e ilícito e tenta demonstrar nos fatos a presença da ilicitude.

É neste campo que se percebe que a teoria do Professor Hugo de Brito Machado não é formal-legalista, no sentido de que bastaria a forma jurídica lícita para se ter uma economia lícita de tributos. Ela é uma teoria real-concreta, que vai exigir do comportamento do contribuinte existência e realidade, além de congruência com os atos ou negócios jurídicos praticados.

## 6. CONCLUSÃO

Venho sustentando a hipótese de que as posições de libertários moderados e solidaristas moderados são muito mais próximas do que se pode presumir. Isso se considerarmos a posição diante de casos concretos, não suas premissas axiológicas e principiológicas.

A visão de Hugo de Brito Machado sobre os limites do planejamento tributário legítimo é de defesa inconteste da liberdade, mas de uma liberdade não simulada, ou seja, da liberdade de opção do contribuinte, não para distorcer a realidade mediante a adoção de formas jurídicas sem correspondência com os atos realmente praticados, mas, sim, para efetivamente realizar atos ou negócios jurídicos que resultem na menor tributação, desde que congruentes com a realidade fática e com o seu perfil objetivo. Por essa razão, seguindo a classificação que propusemos na introdução deste artigo, entendemos a posição do autor como libertária moderada.

## REFERÊNCIAS BIBLIOGRÁFICAS

DÓRIA, Antonio Roberto Sampaio. *Elisão e Evasão Fiscal*. 2 ed. São Paulo: José Bushatsky, 1977.

MACHADO, Hugo de Brito. Evasão Tributária. In: MARTINS, Ives Gandra da Silva (Coord.). *Elisão e Evasão Fiscal*. São Paulo: Editora Resenha Tributária, 1988.

MACHADO, Hugo de Brito. O Planejamento Tributário e a Responsabilidade por Sucessão. In: ROCHA, Valdir de Oliveira (Coord.). *Planejamento Fiscal Teoria e Prática*. São Paulo: Dialética, 1998.

MACHADO, Hugo de Brito. O Planejamento Tributário: Isenção e Suspensão do IPI. In: ROCHA, Valdir de Oliveira (Coord.). *Planejamento Fiscal Teoria e Prática*. São Paulo: Dialética, 1998.

MACHADO, Hugo de Brito. A Norma Antielisão e o Princípio da Legalidade – Análise Crítica do Parágrafo Único do Art. 116 do CTN. In: ROCHA, Valdir de Oliveira (Coord.). *O Planejamento Tributário e a Lei Complementar 104*. São Paulo: Dialética, 2001.

MACHADO, Hugo de Brito. *Comentários ao Código Tributário Nacional*. São Paulo: Atlas, 2004. v. II.

MACHADO, Hugo de Brito. Planejamento Tributário e Crime Fiscal na Atividade do Contabilista. In: PEIXOTO, Marcelo Magalhães; ANDRADE, José Maria Arruda de (Coords.). *Planejamento Tributário*. São Paulo: MP Editora, 2007.

MACHADO, Hugo de Brito. Elisão e Evasão de Tributos. In: YAMASHITA, Douglas (Coord.). *Planejamento Tributário: à Luz da Jurisprudência*. São Paulo: LEX Editora, 2007.

MACHADO, Hugo de Brito. *Comentários ao Código Tributário Nacional*. 2 ed. São Paulo: Atlas, 2008. v. II.

MACHADO, Hugo de Brito. *Introdução ao Planejamento Tributário*. São Paulo: Malheiros, 2014.

MACHADO, Hugo de Brito. Planejamento Tributário. In: MACHADO, Hugo de Brito (Coord.). *Planejamento Tributário*. São Paulo: Malheiros, 2016.

MACHADO, Hugo de Brito. *Introdução ao Planejamento Tributário*. 2 ed. São Paulo: Malheiros, 2019.

MACHADO, Hugo de Brito. *Os Princípios Jurídicos da Tributação na Constituição de 1988*. 6 ed. São Paulo: Malheiros, 2019.

MACHADO, Hugo de Brito. *Curso de Direito Tributário*. 41 ed. São Paulo: Malheiros, 2020.

MACHADO, Hugo de Brito; MACHADO, Schubert de Farias. *Dicionário de Direito Tributário*. São Paulo: Atlas, 2010.

ROCHA, Sergio André. *Fundamentos do Direito Tributário Brasileiro*. Belo Horizonte: Editora Letramento, 2020.

ROCHA, Sergio André. *Planejamento Tributário na Obra de Marco Aurélio Greco*. Rio de Janeiro: Lumen Juris, 2019.

YAMASHITA, Douglas (Coord.). *Planejamento Tributário à Luz da Jurisprudência*. São Paulo: Lex, 2007.

# IV.

# O PLANEJAMENTO TRIBUTÁRIO NA OBRA DE MISABEL DE ABREU MACHADO DERZI

**sumário** 1. Introdução. 2. Premissas Axiológicas e Principiológicas de Misabel Derzi. 2.1. Aspectos Éticos da Elisão. 2.2. Princípios Tributários na Obra de Misabel Derzi. 3. A Simulação como Limite à Economia Tributária Legítima em Misabel Derzi. 3.1. O Parágrafo Único do Artigo 116 do CTN na Teoria de Misabel Derzi. 4. Aplicação Concreta da Teoria da Autora. 4.1. O Caso do Seguro Dotal. 4.2. Atividades Personalíssimas Desempenhadas por Pessoa Jurídica. 4.3. Incorporação às Avessas. 5. Misabel Derzi: Uma Libertária Moderada. 6. Conclusão. Referências Bibliográficas.

## I.  INTRODUÇÃO

A despeito de sua longa produção nos campos financeiro e tributário, a Professora Misabel Abreu Machado Derzi não escreveu muitos trabalhos sobre planejamento tributário. Em nossa pesquisa, identificamos apenas cinco artigos dedicados especificamente ao tema, publicados em 2001,[117] 2006,[118] 2007,[119] 2013[120] e 2020,[121] este último em coautoria com o Professor Valter Lobato. Além destes textos, podemos referir também as notas de atualização da Professora à obra de Aliomar Baleeiro, notadamente os seus comentários sobre o parágrafo único do artigo 116 do Código Tributário Nacional ("CTN").[122]

---

[117] DERZI, Misabel Abreu Machado. A Desconsideração dos Atos e Negócios Jurídicos Dissimulatórios, segundo a Lei Complementar nº 104, de 10 de janeiro de 2001. In: ROCHA, Valdir de Oliveira (Coord.). *O Planejamento Tributário e a Lei Complementar 104*. São Paulo: Dialética, 2001. p. 207-232.

[118] DERZI, Misabel Abreu Machado. O Princípio da Preservação das Empresas e o Direito à Economia de Imposto. In: ROCHA, Valdir de Oliveira (Coord.). *Grandes Questões Atuais do Direito Tributário: 10º Volume*. São Paulo: Dialética, 2006. p. 336-358.

[119] DERZI, Misabel Abreu Machado. O Direito à Economia de Imposto – Seus Limites (Estudo de Casos). In: YAMASHITA, Douglas (Coord.). *Planejamento Tributário à Luz da Jurisprudência*. São Paulo: LEX, 2007. p. 289-326.

[120] DERZI, Misabel Abreu Machado. O Planejamento Tributário e o Buraco do Real. Contraste entre a Complementabilidade do Direito Civil e a Vedação de Completude no Direito Tributário. In: FERREIRA, Eduardo Paz et. al. (Orgs.). *Estudos em Homenagem ao Professor Doutor Alberto Xavier*. Coimbra: Almedina, 2013. v. II. p. 399-414.

[121] DERZI, Misabel Abreu Machado; LOBATO, Valter. Planejamento Tributário, a ADI 2.446 e a Constitucionalidade da Norma Geral Antievasiva no Sistema Tributário Nacional. In: BRIGAGÃO, Gustavo; MATA, Juselder Cordeiro da (Orgs.). *Temas de Direito Tributário em Homenagem a Gilberto de Ulhôa Canto*. Belo Horizonte: Arraes, 2020. p. 449-474.

[122] DERZI, Misabel Abreu Machado. [Notas de Atualização]. In: BALEEIRO, Aliomar. *Direito Tributário Brasileiro*. 12 ed. Rio de Janeiro: Forense, 2013. p. 1093-1104.

Mesmo não tendo por foco o planejamento tributário, são muito relevantes para a compreensão do pensamento da Professora mineira suas obras monográficas mais destacadas: sua tese de doutorado, "Direito Tributário, Direito Penal e Tipo"[123] e sua tese de titularidade na Universidade Federal de Minas Gerais, "Modificações da Jurisprudência no Direito Tributário".[124]

O estudo do planejamento tributário tem dois planos distintos que muitas vezes são misturados e confundidos, o que gera ruídos e equívocos difíceis superar. O primeiro é o **plano ético, axiológico e principiológico**, em que se debatem os fundamentos do controle do planejamento tributário. Aqui entram em cena a existência, ou não, de uma "obrigação" moral de pagar o tributo devido; de um dever fundamental de pagar tributos e seus reflexos sobre o planejamento fiscal; a interconexão entre os valores liberdade, justiça e solidariedade no campo da tributação;[125] a definição dos princípios constitucionais que pautam os limites do planejamento tributário, etc.

A seu turno, **o segundo plano é aplicativo-concreto**. Neste âmbito, discutem-se os critérios de que o intérprete-aplicador do Direito se vale diante de atos e negócios jurídicos concretos, para caracterizá-los como atos ou como negócios jurídicos cujos efeitos devam ser acolhidos, sem contestação, pelas autoridades fiscais, ou como atos ou negócios jurídicos que possam ser desconsiderados e requalificados pela fiscalização.

Segundo vemos, talvez o maior problema encontrado nos debates sobre o planejamento tributário nos últimos anos decorra das seguintes **abordagens**: (i) a excessiva relevância atribuída ao primeiro plano (ético, axiológico e principiológico); e (ii) a confusão entre os dois planos do debate, estabelecendo-se como premissa que uma certa posição quanto aos aspectos éticos, axiológicos e principiológicos leva, necessariamente, a uma visão determinada das questões aplicativas e concretas.

---

[123] DERZI, Misabel Abreu Machado. *Direito Tributário, Direito Penal e Tipo*. 4 ed. Belo Horizonte: Editora Fórum, 2021.

[124] DERZI, Misabel Abreu Machado. *Modificações da Jurisprudência no Direito Tributário*. São Paulo: Noeses, 2009.

[125] Ver: ROCHA, Sergio André. *Fundamentos do Direito Tributário Brasileiro*. Belo Horizonte: Editora Letramento, 2020. p. 71-92.

As duas abordagens referidas no parágrafo anterior, segundo vemos, estão **equivocadas**.

A **primeira abordagem** é uma leitura parcial. Ela foca os aspectos éticos, axiológicos e principiológicos como se fossem os únicos relevantes. Como consequência, equiparam-se autores considerando apenas suas posições nesses campos, sem uma maior preocupação com o plano aplicativo concreto.

Por outro lado, a **segunda abordagem**, mesmo que de forma inconsciente, tem como premissa que posições equivalentes no plano ético, axiológico e principiológico resultariam em manifestações unidirecionais na aplicação concreta. Em outras palavras, que o fato de dois ou mais autores concordarem sobre a prevalência da segurança jurídica sobre os demais princípios – em relação ao conteúdo e alcance dos princípios da legalidade, da tipicidade e da capacidade contributiva –, à necessidade de contenção do papel dos Poderes Executivo e Judiciário no campo do controle do planejamento tributário, resultaria na defesa do mesmo tipo de critério para a determinação da legalidade – ou legitimidade – da conduta do contribuinte em casos concretos.

O debate tributário, como de resto a vida em sociedade, parece ter-se polarizado em posições binárias extremadas, entre os que seriam supostamente defensores da liberdade de planejamento tributário e os que lhe oporiam restrições.

Essa abordagem binária, pretensamente redutora da complexidade da vida real, é tão comum quanto falsa e gera ruídos comunicacionais que impedem o avanço de debates construtivos para a definição dos limites do planejamento tributário.

Parece-nos, portanto, que a polarização binária da doutrina brasileira sobre planejamento tributário é falsa, havendo pelo menos quatro posições teóricas não uniformes que têm pontos de contato suficientes para serem reunidas em quatro grupos, a saber: (i) posições libertárias extremas;[126] (ii) posições libertárias moderadas; (iii) posições solidaristas moderadas; e (iv) posições solidaristas extremas.

Podemos estabelecer os critérios básicos de enquadramento em cada uma dessas categorias nos seguintes termos:

---

[126] As palavras "libertário" e "libertária" estão sendo usadas neste livro exclusivamente em relação a aspectos atinentes ao planejamento tributário, não tendo, assim, qualquer conotação política ou econômica.

- **Posições libertárias extremas:** prevalência do valor liberdade e do princípio da segurança jurídica; legalidade e anterioridade em relação ao fato gerador como critérios não exclusivos de legitimação do planejamento tributário; conceito de simulação como vício de vontade; rejeição de outras patologias como limites da economia tributária legítima.
- **Posições libertárias moderadas:** prevalência do valor liberdade e do princípio da segurança jurídica; legalidade e anterioridade em relação ao fato gerador como critérios não exclusivos de legitimação do planejamento tributário; conceito amplo de simulação – como incongruência entre a forma empregada pelo contribuinte e o conteúdo do ato realmente praticado – e/ou utilização de outras patologias como limites da economia tributária legítima.
- **Posições solidaristas moderadas:** ponderação dos valores liberdade e solidariedade; legalidade e anterioridade em relação ao fato gerador como critérios não exclusivos de legitimação do planejamento tributário; conceito amplo de simulação – como incongruência entre a forma empregada pelo contribuinte e o conteúdo do ato realmente praticado – e/ou utilização de outras patologias como limites da economia tributária legítima.
- **Posições solidaristas extremas:** prevalência do valor solidariedade sobre o valor liberdade; possibilidade de desconsideração de atos e negócios jurídicos, mesmo que ausente qualquer patologia, com base na aplicação do princípio da capacidade contributiva.

Este artigo tem dois objetivos: **primeiro**, apresentar uma análise da teoria de Misabel Derzi sobre o planejamento tributário e seus limites; **segundo**, classificar sua abordagem teórica em uma dessas quatro categorias.

Para os propósitos deste estudo, vamos analisar a obra de Misabel Derzi sob três critérios: (i) suas premissas axiológicas e principiológicas; (ii) a simulação como limite à economia tributária legítima; e (iii) a aplicação concreta da teoria da autora.

## 2. PREMISSAS AXIOLÓGICAS E PRINCIPIOLÓGICAS DE MISABEL DERZI

### 2.1. ASPECTOS ÉTICOS DA ELISÃO

A obra da Professora Misabel Derzi se distancia da obra da maioria dos estudiosos que podem ser apontados como libertários nos limites do planejamento tributário, e isso por uma razão específica. A Professora mineira é certamente a autora de algumas das páginas mais relevantes da doutrina tributária e financeira nacional sobre a importância social da atividade financeira do Estado, no que se refere à superação das graves desigualdades que marcam a sociedade brasileira.[127] Ainda assim, como veremos, sobre o controle do planejamento tributário, Misabel Derzi aproxima-se de autores que não compartilham, ao menos expressamente, sua visão igualitária de mundo.

À primeira vista, esta característica pode parecer paradoxal. Contudo, um exame mais detido da produção de Misabel Derzi explica coerentemente sua posição: a sua teoria tem como pedra angular a proteção do cidadão (em sentido amplo, incluindo pessoas físicas e jurídicas[128]) contra potenciais abusos e excessos de poder pelo Estado e seus agentes. Veja-se a seguinte passagem, da última página de sua obra seminal "Direito Tributário, Direito Penal e Tipo":

> "Muito pouco ou nada de república nos restará se a lei for descumprida, o Poder Executivo legislar e o Poder Judiciário abandonar a missão constitucional de fazer justiça no caso individual.
> Se, não faz pouco tempo, fomos libertados de uma ditadura militar e a nova república que a sucedeu instituiu tributo por meio de resolução do Banco Central (incidente sobre aquisição de passagem para o exterior), não nos parecem desatualizadas, ao contrário, são aplicáveis, as palavras cortantes – reproduzidas em epígrafe – com que o mestre Ruy Barbosa descreveu a frequente ingerência do Poder Executivo nas tarefas legislativas.

---

[127] Ver, por exemplo: DERZI, Misabel Abreu Machado. Guerra Fiscal, Bolsa Família e Silêncio (Relações, efeitos e regressividade). *Revista Jurídica da Presidência*, Brasília, v. 16, n. 108, fev.-maio 2014, p. 39-64; DERZI, Misabel Abreu Machado; BOTELHO, Cristiane Miranda; MAGALHÃES, Tarcísio Diniz. A Distorção do Sistema Tributário Nacional Referente ao Imposto de Renda da Pessoa Física Assalariada e do Prestador de Serviços. In: DERZI, Misabel Abreu Machado; MELO, João Paulo Fanucchi de Almeida (Coords.). Belo Horizonte: Del Rey, 2016. p. 391-444.

[128] Sobre o tema, ver: ROCHA, Sergio André. *Fundamentos do Direito Tributário Brasileiro*. Belo Horizonte: Letramento, 2020. p. 67-69.

Poderá a ciência jurídica transigir em tão grave questão? Efetivamente, o cientista, quer do direito penal, quer do direito tributário, não deve perder de vista que trabalha com uma ciência empírica, vertida para o ordenamento jurídico positivo. Como tal, deve servir aos mais caros princípios e valores jurídicos."[129]

Sua doutrina vai depositar no Poder Legislativo a atribuição de realizar as mudanças necessárias em direção à construção de uma sociedade livre, justa e solidária, como vemos na seguinte passagem, extraída agora da introdução do mesmo livro:

"Quem pretende alcançar reais mudanças sociais e políticas não deve pregar o mero recuo do formalismo jurídico, identificar a legalidade com o direito liberal burguês, preconizando a progressiva libertação do juiz aos vínculos da lei.
É vão e ingênuo supor que reivindicações sociais que não encontram resposta no parlamento, órgão sensível às pressões populares, possam ser atendidas pela via judicial, pois, ao contrário, o Poder Judiciário delas está mais distante, captando-as com maior lentidão e independência, pelo menos no nosso modelo jurídico. Se se pretendem obter reformas sociais e políticas profundas, tanto nos países do *common law*, como naqueles de *civil law*, transformem-se os fatos e as relações político-sociais, pois apenas minar a crença na obediência à lei em sua primazia é estratégia que, com mais êxito, poderia manejar a elite dominante. Consciente politicamente, ela é que recorre frequentemente ao Poder Judiciário e tem condições econômico materiais de resistir ao penoso emperramento da máquina administrativa e judicial do Estado."[130]

A defesa intransigente da segurança jurídica do contribuinte contra o potencial arbítrio estatal faz com que não haja muito espaço na teoria da Professora Misabel Derzi para se sustentar um dever moral do contribuinte de pagar tributos. Sua produção, como veremos na seção seguinte, está lastreada em princípios como a legalidade juntamente com uma certa abordagem sobre fechamento conceitual, que não deixa brecha para que se cogite de deveres tributários que não tenham estrito fundamento jurídico-positivo.

Se claramente não defende a existência de um dever moral de pagamento de tributos, Misabel Derzi se posiciona de forma firme em sentido oposto, em defesa do direito à economia tributária. Em suas

---

[129] DERZI, Misabel Abreu Machado. *Direito Tributário, Direito Penal e Tipo*. 4 ed. Belo Horizonte: Editora Fórum, 2021. p. 367.

[130] DERZI, Misabel Abreu Machado. *Direito Tributário, Direito Penal e Tipo*. 4 ed. Belo Horizonte: Editora Fórum, 2021. p. 35.

palavras, "o direito de as Fazendas Públicas defenderem suas respectivas arrecadações mais amplas e produtivas tem como contrapartida o direito de o contribuinte economizar tributo, e de reduzir os ônus de sua atividade econômica. Trata-se tal direito de mero desdobramento do princípio da preservação da empresa, vista como uma organização corporativa, imantada por sua função social. É evidente que nenhum desses direitos é absoluto. De um lado a Administração Tributária está limitada pelas liberdades e pelos direitos fundamentais do contribuinte (dentre os quais se inclui o próprio direito de economizar imposto). **De outro, o direito à economia de tributo esbarra na proibição de fraudes, mentiras, simulações e evasões. O lícito é o limite".**[131] (Destaque nosso)

Sem querer antecipar temas de que trataremos adiante, já podemos ressaltar que a teoria que ora comentamos não sustenta o libertarismo extremo. Pelo contrário, a abordagem da Professora Misabel Derzi aproxima-se muito daquela do Professor Sampaio Dória. Estamos aqui diante da defesa de uma **liberdade não simulada**, que vai rechaçar a mera forma, descasada da realidade fática dos atos praticados pelo contribuinte, como forma de elisão tributária.

## 2.2. PRINCÍPIOS TRIBUTÁRIOS NA OBRA DE MISABEL DERZI

A obra da Professora Misabel Derzi é vastíssima e, naturalmente, não pretendemos aqui rever de forma ampla seus aportes aos debates teóricos sobre o tema dos princípios tributários. Nosso objetivo é bem mais limitado, buscando examinar como a autora trabalha a relação dos princípios do Direito Tributário com o planejamento fiscal.

Como já deve ter ficado claro na seção 2.1, a leitura de Misabel Derzi sobre o Sistema Tributário Nacional vai dar redobrada importância ao princípio da segurança jurídica e à máxima proteção do contribuinte contra a possibilidade de cobranças fiscais arbitrárias. Ademais, vimos que a Professora mineira dá grande destaque ao papel do Poder Legislativo como introdutor de deveres jurídicos fiscais, buscando limitar a atuação do Executivo e do Judiciário na sua atuação interpretativa. Este ponto de partida fica claro na seguinte passagem:

---

[131] DERZI, Misabel Abreu Machado. O Princípio da Preservação das Empresas e o Direito à Economia de Imposto. In: ROCHA, Valdir de Oliveira (Coord.). *Grandes Questões Atuais do Direito Tributário: 10º Volume*. São Paulo: Dialética, 2006. p. 352-353.

"O princípio da legalidade é assim cogente. A segurança jurídica, a certeza e a confiança norteiam a interpretação. Nem o regulamento do Executivo, nem o ato individual administrativo ou judicial poderão inovar a ordem jurídica. A interpretação deve atribuir a qualquer instituto, conceito, princípio ou forma de direito privado os efeitos que lhes são inerentes, ressalvada a alteração oposta pelo legislador tributário. Entretanto, o legislador tributário está premido e constrangido por limites constitucionais, que ele não pode ultrapassar (conforme reforça o art. 110)."[132]

É possível afirmar que a teoria de Misabel Derzi é, antes de mais nada, uma **teoria constitucional de segurança jurídica**, no sentido de que os tributos e as materialidades tributárias teriam sido definidos de forma exaustiva pela Constituição, deixando algum espaço de conformação para o legislador infraconstitucional, mas excluindo qualquer atuação dos Poderes Executivo e Judiciário nesse sentido.

É interessante observar que, no caso de Misabel Derzi, esta preocupação é certamente com a proteção da segurança jurídica dos contribuintes, mas não apenas com ela. Há em sua teoria um claro cuidado com a integridade do federalismo fiscal brasileiro, delimitando o campo de competência tributária de cada ente federativo, preocupação que não se observa normalmente nas manifestações doutrinárias de outros autores. Trazendo, uma vez mais, a literalidade de suas lições:

"No Brasil, a questão da discriminação da competência tributária é manifestação do próprio federalismo por configurar partilha, descentralização do poder de instituir e regular tributos.
Assim, as ordens jurídicas tributárias (federal, estadual e municipal), que convivem na ordem nacional, são produzidas por órgãos legislativos próprios das comunidades descentralizadas, uma vez que são manifestações da distribuição do poder estatal, vale dizer, da competência para instituir e regrar tributos.
Ora, o tipo como ordenação do conhecimento em estruturas flexíveis, de características renunciáveis, que admite as transições fluidas e contínuas e as formas mistas, não se adapta à rigidez constitucional de discriminação da competência tributária.
Essa rigidez tem como pedra básica a competência privativa, mola mestra do sistema, o qual repele a bitributação e evita a promiscuidade entre tributos distintos. Conceitos como bitributação, invasão de competência, *bis in idem*, identidade ou diversidade entre espécies tributárias, necessários ao

---

[132] DERZI, Misabel Abreu Machado. A Desconsideração dos Atos e Negócios Jurídicos Dissimulatórios, segundo a Lei Complementar nº 104, de 10 de janeiro de 2001. In: ROCHA, Valdir de Oliveira (Coord.). *O Planejamento Tributário e a Lei Complementar 104*. São Paulo: Dialética, 2001. p. 220.

funcionamento harmônico e à aplicação das normas constitucionais, não se aperfeiçoam por meio de relações comparativas de 'mais ou menos' ou 'tanto mais ... quanto menos' inerentes ao pensamento tipológico; muito mais ajustam-se às excludentes 'ou ... ou' e às características irrenunciáveis e rígidas dos conceitos determinados."[133]

Este é um aspecto central da obra de Misabel Derzi. Suas posições sempre consideram a relevância constitucional da manutenção da integridade do pacto federativo, tendo como referência a defesa do nosso modelo de federalismo fiscal, o que levaria à imposição constitucional da defesa do âmbito de competência dos tributos que podem ser instituídos e cobrados por cada ente federativo.[134]

Considerando a relevância que esta autora dá à função legislativa, intui-se que o princípio da legalidade tenha um papel de destaque em sua construção teórica. Misabel Derzi apresenta a legalidade como exigência formal, no sentido de que "somente a lei, formalmente compreendida, vale dizer, como ato oriundo do Poder Legislativo, é ato normativo próprio à criação dos fatos jurígenos, deveres e sanções tributárias",[135] mas também como requisito material de conteúdo, exigindo que os termos utilizados em um texto legal sejam, o máximo quanto possível, conceitos determinados.[136]

---

[133] DERZI, Misabel Abreu Machado. *Direito Tributário, Direito Penal e Tipo*. 4 ed. Belo Horizonte: Editora Fórum, 2021. p. 146-147.

[134] Em suas palavras, "a legalidade estrita, a segurança jurídica, a uniformidade e a praticidade determinam a tendência conceitual prevalecente no Direito Tributário. Além desses princípios citados, a repartição constitucional do poder tributário, assentada, sobretudo, na competência privativa, tem como pressuposto antes a forma de raciocinar por conceitos fechados do que por tipos. Os tributos são objeto de uma enumeração legal exaustiva de modo que aquilo que não está na lei, inexiste juridicamente. A diferenciação entre um tributo e outro se dá através de uma classificação legal, esgotante do conceito de tributo. Criam-se, a rigor, espécies tributárias como conceitos determinados e fechados que se distinguem uns dos outros por notas fixas irrenunciáveis" (DERZI, Misabel Abreu Machado. A Desconsideração dos Atos e Negócios Jurídicos Dissimulatórios, segundo a Lei Complementar nº 104, de 10 de janeiro de 2001. In: ROCHA, Valdir de Oliveira (Coord.). *O Planejamento Tributário e a Lei Complementar 104*. São Paulo: Dialética, 2001. p. 224-225).

[135] DERZI, Misabel Abreu Machado. *Direito Tributário, Direito Penal e Tipo*. 4 ed. Belo Horizonte: Editora Fórum, 2021. p. 135.

[136] DERZI, Misabel Abreu Machado. *Direito Tributário, Direito Penal e Tipo*. 4 ed. Belo Horizonte: Editora Fórum, 2021. p. 136-137.

Sabe-se que a tese da Professora Misabel Derzi "Direito Tributário, Direito Penal e Tipo" foi a crítica mais acurada sobre a impropriedade de referir-se à "tipicidade fechada" como exigência de determinação e fechamento conceitual,[137] como ficou consagrado no Brasil, principalmente a partir da obra do Professor Alberto Xavier.[138] Assim, a legalidade material em Misabel Derzi resulta no **princípio da especificidade conceitual determinante**. Vejamos as palavras da autora:

> "Ora, resta evidenciado que, à luz da Constituição, são prevalecentes os princípios de segurança, certeza e previsibilidade no Direito Tributário, assim como no Direito Penal. Por isso, instituir e regular tributo mediante lei é criar norma, veiculada por meio de diploma legal próprio do Poder Legislativo, com conteúdo que, no mínimo, disponha sobre todos os pontos enumerados, expressa ou implicitamente, no art. 97 do CTN. Esses pontos são as notas e qualificações determinantes, que necessariamente devem especificar os conceitos descritivos e prescritivos contidos na norma tributária. A lei tributária evita, assim, a utilização de conceitos fluidos e transitivos, indeterminados ou abertos. Devem eles, tanto quanto possível, primar pela precisão, definição e objetiva determinação.
> O que prevalece no Direito Tributário não é a tipologia, mas a classificação; não é o tipo, mas o conceito."[139]

Note-se que a Professora Misabel Derzi defende um princípio de especificidade conceitual determinante, e não uma regra. Com isso, queremos dizer que ela não nega a existência de zonas de penumbra e de conceitos indeterminados nos textos normativos tributários,[140] apenas advoga uma ação intencional e consciente do legislador, para que sejam evitados.

---

137 DERZI, Misabel Abreu Machado. *Direito Tributário, Direito Penal e Tipo*. 4 ed. Belo Horizonte: Editora Fórum, 2021. p. 238-306.

138 Ver: XAVIER, Alberto. *Os Princípios da Legalidade e da Tipicidade da Tributação*. São Paulo: Revista dos Tribunais, 1978; XAVIER, Alberto. *Tipicidade da Tributação, Simulação e Norma Antielisiva*. São Paulo: Dialética, 2001.

139 DERZI, Misabel Abreu Machado. [Notas de Atualização]. In: BALEEIRO, Aliomar. *Direito Tributário Brasileiro*. 12 ed. Rio de Janeiro: Forense, 2013. p. 958. Ver, também: DERZI, Misabel Abreu Machado. Mutações, Complexidade, Tipo e Conceito, sob o Signo da Segurança e da Proteção da Confiança. In: TORRES, Heleno Taveira (Coord.). *Tratado de Direito Constitucional Tributário*. São Paulo: Saraiva, 2005. p. 270-284; DERZI, Misabel Abreu Machado. *Direito Tributário, Direito Penal e Tipo*. 4 ed. Belo Horizonte: Editora Fórum, 2021. p. 304.

140 DERZI, Misabel Abreu Machado. *Direito Tributário, Direito Penal e Tipo*. 4 ed. Belo Horizonte: Editora Fórum, 2021. p. 303-305.

Essa discussão sobre legalidade e determinação conceitual nos leva a um dos textos mais importantes da Professora Misabel Derzi sobre o tema do planejamento tributário, intitulado "Planejamento Tributário e Buraco do Real. Contraste entre a Complementabilidade do Direito Civil e a Vedação da Completude no Direito Tributário".[141]

Assumindo o risco que resumir uma argumentação filosófica sofisticada, neste texto Misabel Derzi parte da premissa de que os sistemas, inclusive o sistema jurídico, são inevitavelmente incapazes de englobar a realidade em sua integralidade, sendo, portanto, incompletos. Em suas palavras, "diz Délia Elmer que, a rigor, Gödel provou que 'houve buraco do sistema, e aqui situamos o real'. Logicamente, o sistema consistente tem um furo, sua incompletude. Enfim, conclui: 'dizemos desta impossibilidade de qualquer sistema recobrir o que é real. O buraco do sistema é o real' ".[142] Mais adiante, conclui a autora:

> "Portanto não temos dúvida em afirmar que o sistema jurídico é incompleto no seu conjunto (não importa que estejamos nos referindo ao Direito Civil, Comercial ou Tributário). O real e o contingente impulsionam as operações internas do sistema, suas irritações e perturbações. Tal fenômeno explica as mutações sistêmicas e a relevância das técnicas de estabilização das expectativas. As mudanças no conteúdo das leis e na jurisprudência dos tribunais, decorrência dessa inaptidão para surpreendermos a 'coisidade da coisa', o real, em contrapartida, atraem a adoção de prin-

---

[141] DERZI, Misabel Abreu Machado. O Planejamento Tributário e o Buraco do Real. Contraste entre a Complementabilidade do Direito Civil e a Vedação de Completude no Direito Tributário. In: FERREIRA, Eduardo Paz et. al. (Orgs.). *Estudos em Homenagem ao Professor Doutor Alberto Xavier*. Coimbra: Almedina, 2013. v. II. p. 399-414. Sobre o tema do "buraco do real" na obra da autora, ver, também: DERZI, Misabel Abreu Machado; LOBATO, Valter. Planejamento Tributário, a ADI 2.446 e a Constitucionalidade da Norma Geral Antievasiva no Sistema Tributário Nacional. In: BRIGAGÃO, Gustavo; MATA, Juselder Cordeiro da (Orgs.). *Temas de Direito Tributário em Homenagem a Gilberto de Ulhôa Canto*. Belo Horizonte: Arraes, 2020. p. 459-469; DERZI, Misabel Abreu Machado. *Modificações da Jurisprudência no Direito Tributário*. São Paulo: Noeses, 2009. p. 25-34.

[142] DERZI, Misabel Abreu Machado. O Planejamento Tributário e o Buraco do Real. Contraste entre a Complementabilidade do Direito Civil e a Vedação de Completude no Direito Tributário. In: FERREIRA, Eduardo Paz et. al. (Orgs.). *Estudos em Homenagem ao Professor Doutor Alberto Xavier*. Coimbra: Almedina, 2013. v. II. p. 401.

cípios e de técnicas que atenuam a imprevisibilidade, a fluidez evolutiva como a irretroatividade, a boa fé e a proteção da confiança."[143]

Tendo como premissa a incompletude sistêmica quando considerada a realidade, Misabel Derzi traça, então, uma distinção entre o Direito Civil – ou ao menos algumas partes do Direito Civil – e o Direito Tributário. Em sua visão, o Direito Civil "tende à completude", enquanto o Direito Tributário seria incompleto por natureza, já que, ao menos no sistema constitucional brasileiro vigente, não se espera que todo e qualquer fato econômico praticado esteja sujeito à tributação. A posição da Professora fica clara nas seguintes passagens:

> "Em todo sistema jurídico, o juiz é obrigado a decidir o conflito que está a seu encargo (*sub judice*). Mas em certas áreas do Direito ele deve decidir complementando o sistema, integrando-o. Essa a função integrativa da boa-fé no Direito Civil brasileiro, que atua não apenas como princípio, mas ainda como cláusula geral, em relação aos contratos. Mas mesmo dentro do Direito privado, como alerta Canaris, há partes imóveis e fechadas em que a boa-fé não poderá atuar na sua função-integrativa, por razões de segurança, como se dá nos direitos reais; nos títulos de crédito e nos direitos sucessórios, por exemplo.
> Ora, o Direito Tributário está iluminado por valores e princípios como segurança jurídica (e seus desdobramentos no Estado de Direito), que impedem a complementabilidade de suas normas, como se dá no Direito dos contratos. Ao contrário, normas tributárias são incompletas (em relação à realidade) e incompletáveis por meio do uso da analogia ou da extensão criativa. Razões de segurança jurídica inspiram esse tratamento diferente, de tal modo que a boa-fé objetiva não pode ser utilizada como cláusula geral, em detrimento dos direitos dos contribuintes."[144]

Essas observações da Professora Misabel Derzi talvez tenham maior pertinência no debate sobre os limites e alcance das regras de competência tributária, e sobre a interpretação dos textos normativos que estabelecem as hipóteses de incidência de tributos, do que sobre o

---

[143] DERZI, Misabel Abreu Machado. O Planejamento Tributário e o Buraco do Real. Contraste entre a Complementabilidade do Direito Civil e a Vedação de Completude no Direito Tributário. In: FERREIRA, Eduardo Paz et. al. (Orgs.). *Estudos em Homenagem ao Professor Doutor Alberto Xavier*. Coimbra: Almedina, 2013. v. II. p. 403.

[144] DERZI, Misabel Abreu Machado. O Planejamento Tributário e o Buraco do Real. Contraste entre a Complementabilidade do Direito Civil e a Vedação de Completude no Direito Tributário. In: FERREIRA, Eduardo Paz et. al. (Orgs.). *Estudos em Homenagem ao Professor Doutor Alberto Xavier*. Coimbra: Almedina, 2013. v. II. p. 409.

controle do planejamento tributário em si. Em linhas muito gerais, afirma a autora que aquilo que a Constituição e as leis não previram de forma clara e explícita que seria tributável, encontra-se fora do campo do tributável, sendo o buraco do real que simplesmente se encontra excluído da incidência. Como conclui a autora "é evidente que o sistema jurídico não pode cobrir todos os fatos econômicos e políticos. O buraco do real não é somente a inevitável constatação de que a vida é mais complexa do que o sistema jurídico, mas uma conclusão lógica (Gödel). O relevante é identificar as áreas ou setores em que a incompletude do sistema é **incompletável**, como é o caso do Direito Tributário ou Penal".[145]

Vê-se que o princípio da legalidade material resulta na incompletude natural e insuperável do Direito Tributário, redundando na vedação da integração dos textos normativos fiscais, notadamente pela via da analogia.[146]

Tendo em conta os comentários apresentados até aqui nesta seção e na anterior, verifica-se que, para Misabel Derzi, considerando a liberdade de economia tributária de um lado e, de outro, a restrição dos deveres jurídicos tributários àqueles explicita e claramente previstos em lei, atos e negócios jurídicos privados só podem ser questionados e desconsiderados pelas autoridades fiscais caso identificado algum ato ilícito ou praticado com uma **"intencionalidade fraudulenta"**. Citando, uma vez mais, suas lições:

> "Portanto, a ideia de que um planejamento tributário (feito por meio de incorporações ou cisões) não se sustenta em razão de se destinar, precipuamente, a economizar tributo, se nenhum ato ilícito é praticado, contraria a ordem jurídica nacional. A Constituição declara que a propriedade (aí se incluindo a empresarial) está a serviço de função social relevante e a economia de imposto serve exatamente ao fortalecimento da organização do trabalho e do capital para a produção e o desenvolvimento, metas do Estado Democrático de Direito, segundo a Constituição. Inexistindo fraude ou ilicitude, ou seja, uma intencionalidade fraudulenta, como diz

---

[145] DERZI, Misabel Abreu Machado. O Planejamento Tributário e o Buraco do Real. Contraste entre a Complementabilidade do Direito Civil e a Vedação de Completude no Direito Tributário. In: FERREIRA, Eduardo Paz et. al. (Orgs.). *Estudos em Homenagem ao Professor Doutor Alberto Xavier*. Coimbra: Almedina, 2013. v. II. p. 413.

[146] DERZI, Misabel Abreu Machado. O Direito à Economia de Imposto – Seus Limites (Estudo de Casos). In: YAMASHITA, Douglas (Coord.). *Planejamento Tributário à Luz da Jurisprudência*. São Paulo: LEX, 2007. p. 290.

o Conselho de Impostos da França, não se pode desconsiderar o planejamento. Muito menos se poderá cobrar o tributo, sem qualquer multa, como sugere Klaus Tipke na Alemanha. À luz da ordem jurídica nacional, o tributo não se cria por analogia."[147]

A análise dos pontos de partida axiológicos e principiológicos da Professora Misabel Derzi poderiam dar a impressão, falsa, segundo entendemos, de que o controle da legalidade dos atos e negócios jurídicos praticados pelos contribuintes seria meramente formal. Contudo, a chave da compreensão dos limites do planejamento tributário em Misabel Derzi passa pela caracterização da ilicitude nesse campo, notadamente pelo exame do conceito de simulação utilizado pela autora.

## 3. A SIMULAÇÃO COMO LIMITE À ECONOMIA TRIBUTÁRIA LEGÍTIMA EM MISABEL DERZI

A teoria de Misabel Derzi sobre os limites do planejamento tributário pode ser identificada como binária, no sentido de que está estruturada a partir da segregação entre comportamentos lícitos e ilícitos, adotando-se o critério proposto por Sampaio Dória,[148] que distingue a elisão fiscal, que é a economia tributária decorrente da prática de atos lícitos e anteriores à ocorrência do fato gerador, da evasão fiscal, que se materializa pela prática de atos ilícitos e/ou posteriores à ocorrência do fato gerador do tributo.

Dessa forma, a Professora mineira rejeita expressamente que outras patologias dos atos e negócios jurídicos possam ser invocadas como fundamento para o questionamento daqueles praticados pelo contribuinte. De acordo com seu entendimento, "inexistem em nossa ordem jurídica os institutos da ilicitude por '**fraude à lei tributária**' diversos daquele de Direito Civil; ou por '**abuso de direito tributário**'; ou ainda '**abuso de personalidade jurídica para fins tributários**'; nem tampouco '**simulação ou dissimulação especificamente de Direito

---

[147] DERZI, Misabel Abreu Machado. O Princípio da Preservação das Empresas e o Direito à Economia de Imposto. In: ROCHA, Valdir de Oliveira (Coord.). *Grandes Questões Atuais do Direito Tributário: 10º Volume*. São Paulo: Dialética, 2006. p. 355.

[148] Cf. DERZI, Misabel Abreu Machado. A Desconsideração dos Atos e Negócios Jurídicos Dissimulatórios, segundo a Lei Complementar nº 104, de 10 de janeiro de 2001. In: ROCHA, Valdir de Oliveira (Coord.). *O Planejamento Tributário e a Lei Complementar 104*. São Paulo: Dialética, 2001. p. 212-213. Ver: DÓRIA, Antonio Roberto Sampaio. *Elisão e Evasão Fiscal*. 2 ed. São Paulo: Bushatsky, 1978. p. 57-58.

**Tributário'**. Os atos e negócios jurídicos serão válidos no campo do Direito Tributário se o forem para o restante do Direito. O que não se pode admitir é que se dando uma incorporação ou cisão de empresas perfeitamente lícitas e jurídicas, amplamente aceitas pelo Direito Comercial, a definir novos rumos na organização da atividade econômica ou um negócio jurídico válido à luz do Direito Comum, sofram tais atos restrições opostas pela Autoridade Administrativa que os desconsidera para fins de aumento de arrecadação".[149] (Destaques no original)

Portanto, Misabel Derzi vai restringir a caracterização de atos evasivos à prática de atos ilícitos, dando ênfase aos atos simulados, caracterizados segundo o Direito Privado.

Temos insistido que a chave para entender a posição de cada autor sobre os limites do planejamento tributário está no conceito de simulação. Afinal, todos reconhecem que atos simulados podem ser desconsiderados e requalificados pelas autoridades fiscais. A questão, contudo, é que não há uniformidade conceitual sobre simulação. Como deixei registrado em outro estudo:

> "De toda maneira, seria ingênuo imaginar que a restrição da aplicação aos casos de simulação resulte em uma liberdade absoluta para a prática de atos ou negócios jurídicos lícitos com vistas a evitar, reduzir ou postergar o dever tributário.
> Com efeito, **o ponto chave neste debate é o conceito de simulação**. No fundo, embora ele seja onipresente em todos esses autores, em termos práticos, **cada um tem uma simulação para chamar de sua, que só fica clara diante de casos concretos**."[150]

É interessante observar, neste aspecto, a opção de Misabel Derzi por acolher a definição de simulação de Antonio Roberto Sampaio Dória, que já examinamos e que é uma **definição bastante ampla de simula-**

---

[149] DERZI, Misabel Abreu Machado. O Direito à Economia de Imposto – Seus Limites (Estudo de Casos). In: YAMASHITA, Douglas (Coord.). *Planejamento Tributário à Luz da Jurisprudência*. São Paulo: LEX, 2007. p. 305.

[150] ROCHA, Sergio André. Para que Serve o Parágrafo Único do Artigo 116 do CTN Afinal? In: GODOI, Marciano Seabra de; ROCHA, Sergio André (Coords.). *Planejamento Tributário: Limites e Desafios Concretos*. Belo Horizonte: Editora D'Plácido, 2018. p. 492.

ção.[151] Veja-se a seguinte passagem em que a autora analisa o parágrafo único do artigo 116 do Código Tributário Nacional:

> "[...] A norma (ainda não regulamentada) não está coibindo a elisão ou o planejamento tributário, por si lícito, mas sim a simulação e a fraude sempre ilícitas. **Na elisão, os meios são lícitos e o ato ou negócio jurídico é real**, desencadeia efeitos próprios, não *mascara* a ocorrência do fato gerador **e há compatibilidade entre forma e conteúdo**. Na evasão, o fato, ato ou negócio jurídico pressuposto na norma simplesmente não acontece. Daquela exemplar diferenciação que Sampaio Dória faz entre elisão (a que o artigo 116 não se refere) e simulação ou dissimulação (que o artigo 116 combate), tira o jurista as seguintes ilações:
> 'Indicadas assim as principais características da simulação, verifiquemos agora os critérios que permitem distingui-la, quando de sua incidência tributária, da elisão fiscal:
> a) Inicialmente, a natureza dos meios. Na elisão são sempre lícitos; na simulação esconde-se, sob a habilidade maior ou menor do agente, a ilicitude.
> b) Quanto à ocorrência do fato gerador, a economia fiscal, conforme vimos, pressupõe a adoção de forma alternativa, de molde a evitar a verificação do pressuposto de incidência. Na simulação, o fato gerador ocorre efetivamente, mas é desnaturado, em sua exteriorização formal, pelo artifício utilizado, de maneira que não é tipologicamente reconhecido, em sua aparência, como pressuposto de incidência legal.
> c) Com relação à eficácia dos meios, ou seja, a efetividade da forma jurídica adotada e a compatibilidade entre forma e conteúdo, na economia fiscal, a forma jurídica, conquanto alternativa, é real; na simulação, é mero pretexto. Ademais, há correspondência lógica entre conteúdo e forma na elisão, embora nem sempre usualmente o respectivo resultado econômico venha a se manifestar sob a estrutura selecionada. De qualquer modo, a elisão tem como pré-requisito de sua concretização que o instrumental jurídico escolhido possua inquestionável idoneidade para permitir o enquadramento razoável da situação de fato. Na simulação, ao contrário, há em geral incompatibilidade entre a forma e o conteúdo, de sorte que o *nomen juris* pretende moldar e identificar uma realidade factual, cujas características essenciais discrepam radicalmente daquelas que devem ser próprias do negócio ou categoria legal que foi empregada. Na primeira hipótese, o molde jurídico aceita, com mínima margem de acomodação, o fato que nele se insere. Na segunda, é evidente, quase sempre, a violência da adaptação da forma jurídica aos fatos.
> d) No tocante aos resultados, na elisão produzem-se os resultados próprios do negócio jurídico utilizado, ao passo que na simulação os efeitos reais são diversos daqueles ostensivamente indicados, os quais, a propósito, não

---

[151] ROCHA, Sergio André. O Planejamento Tributário na Obra de Sampaio Dória. *Revista Fórum de Direito Tributário*, Belo Horizonte, n. 109, jan-fev 2021, p. 18-22.

haveria necessidade de redundantemente assinalar, visto como seriam as consequências naturais do negócio jurídico, mas que não se produzem, por isto que vem ele viciado pela simulação."[152] (Destaques nossos)

As passagens da autora que destacamos acima são relevantíssimas. Venho sustentando em meus escritos sobre planejamento tributário que o tema principal neste campo é verificar se o contribuinte realmente praticou o ato que formalizou. Não se trata de elucubrar sobre seus motivos, conjecturar sobre a sua intenção ou não de pagar menos ou nenhum tributo, ou postergar a incidência, mas sim de verificar se os atos formalizados refletem a realidade.[153] Vejo uma completa aderência entre o que venho defendendo e a posição de Misabel Derzi.

De fato, ressalta a autora que "**na elisão, os meios são lícitos e o ato ou negócio jurídico é real**, desencadeia efeitos próprios, não *mascara* a ocorrência do fato gerador **e há compatibilidade entre forma e conteúdo**".[154] Não há retoques a serem feitos nesta passagem. Ela evidencia que para que se tenha economia tributária legítima não basta apenas uma licitude formal, exige-se (i) compatibilidade entre forma e conteúdo; e (ii) que o ato ou negócio jurídico seja real.

### 3.1. O PARÁGRAFO ÚNICO DO ARTIGO 116 DO CTN NA TEORIA DE MISABEL DERZI

Desde a sua primeira publicação sobre o parágrafo único do artigo 116 do Código Tributário Nacional, a Professora Misabel Derzi mantém a mesma posição sobre o tema. Em seu artigo escrito em 2001,

---

[152] DERZI, Misabel Abreu Machado. O Direito à Economia de Imposto – Seus Limites (Estudo de Casos). In: YAMASHITA, Douglas (Coord.). *Planejamento Tributário à Luz da Jurisprudência*. São Paulo: LEX, 2007. p. 295-296. Ver, fazendo referência à mesma passagem de Sampaio Dória: DERZI, Misabel Abreu Machado. [Notas de Atualização]. In: BALEEIRO, Aliomar. *Direito Tributário Brasileiro*. 12 ed. Rio de Janeiro: Forense, 2013. p. 1.100; DERZI, Misabel Abreu Machado; LOBATO, Valter. Planejamento Tributário, a ADI 2.446 e a Constitucionalidade da Norma Geral Antievasiva no Sistema Tributário Nacional. In: BRIGAGÃO, Gustavo; MATA, Juselder Cordeiro da (Orgs.). *Temas de Direito Tributário em Homenagem a Gilberto de Ulhôa Canto*. Belo Horizonte: Arraes, 2020. p. 467-468.

[153] ROCHA, Sergio André. *O Planejamento Tributário na Obra de Marco Aurélio Greco*. Rio de Janeiro: Lumen Juris, 2019. p. 37-44.

[154] DERZI, Misabel Abreu Machado. O Direito à Economia de Imposto – Seus Limites (Estudo de Casos). In: YAMASHITA, Douglas (Coord.). *Planejamento Tributário à Luz da Jurisprudência*. São Paulo: LEX, 2007. p. 295.

logo após a edição da Lei Complementar nº 104, ela afirmou que "o parágrafo único do art. 116 refere-se à evasão ilícita, pois a simulação absoluta ou relativa (dissimulação), quando oculta a ocorrência do fato gerador ou a natureza dos elementos constitutivos da obrigação (preço, por exemplo), viola a lei, configurando verdadeira sonegação".[155] A mesma conclusão foi apresentada em seu texto mais recente, publicado em 2020 e escrito em coautoria com o Professor Valter Lobato, no qual os autores vaticinam que o parágrafo único do artigo 116 do CTN "trata-se de norma, sim, combativa à evasão fiscal, e não à elisão fiscal. O poder que ela atribui às autoridades fiscais diz respeito justamente à desconsideração de atos e negócios jurídicos relativamente simulados, fraudulentos – e, portanto, situados nas plagas da ilicitude".[156]

Misabel Derzi vai se posicionar veementemente contra as regras gerais antielisivas. Contudo, sua orientação deve ser compreendida à luz de sua teoria, sendo iluminada pelos textos que tratam do "buraco do real", aos quais já nos referimos, e aqui comentamos novamente.[157]

Com efeito, a autora rejeita por completo a noção de que uma norma geral possa ser utilizada com fins integrativos, para criar espaços de tributação não previstos em lei, e é com essa perspectiva que Misabel Derzi rejeita as chamadas cláusulas gerais antielisivas. Isso fica claro na seguinte passagem, em que a Professora, escrevendo junto com Valter

---

[155] DERZI, Misabel Abreu Machado. A Desconsideração dos Atos e Negócios Jurídicos Dissimulatórios, segundo a Lei Complementar nº 104, de 10 de janeiro de 2001. In: ROCHA, Valdir de Oliveira (Coord.). *O Planejamento Tributário e a Lei Complementar 104*. São Paulo: Dialética, 2001. p. 217.

[156] DERZI, Misabel Abreu Machado; LOBATO, Valter. Planejamento Tributário, a ADI 2.446 e a Constitucionalidade da Norma Geral Antievasiva no Sistema Tributário Nacional. In: BRIGAGÃO, Gustavo; MATA, Juselder Cordeiro da (Orgs.). *Temas de Direito Tributário em Homenagem a Gilberto de Ulhôa Canto*. Belo Horizonte: Arraes, 2020. p. 467-468.

[157] DERZI, Misabel Abreu Machado. O Planejamento Tributário e o Buraco do Real. Contraste entre a Complementabilidade do Direito Civil e a Vedação de Completude no Direito Tributário. In: FERREIRA, Eduardo Paz et. al. (Orgs.). *Estudos em Homenagem ao Professor Doutor Alberto Xavier*. Coimbra: Almedina, 2013. v. II. p. 399-414; DERZI, Misabel Abreu Machado; LOBATO, Valter. Planejamento Tributário, a ADI 2.446 e a Constitucionalidade da Norma Geral Antievasiva no Sistema Tributário Nacional. In: BRIGAGÃO, Gustavo; MATA, Juselder Cordeiro da (Orgs.). *Temas de Direito Tributário em Homenagem a Gilberto de Ulhôa Canto*. Belo Horizonte: Arraes, 2020. p. 459-469; DERZI, Misabel Abreu Machado. *Modificações da Jurisprudência no Direito Tributário*. São Paulo: Noeses, 2009. p. 25-34.

Lobato, retoma a temática do "buraco do real", fazendo sua interseção com a possibilidade de uma cláusula geral antielisiva:

> "Nesse sentido, a questão da cláusula geral antielisiva diz respeito à própria incompletude sistêmica. Não se pode perder de vista que o sistema jurídico não pode cobrir todos os fatos econômicos e políticos. O buraco do real não é somente a inevitável constatação de que a vida é mais complexa do que o sistema jurídico, mas uma conclusão lógica (Gödel). O relevante é identificar as áreas ou setores em que a incompletude do sistema é **incompletável**, como é o caso do Direito Tributário ou Penal."[158]

Vê-se, assim, que a oposição de Misabel Derzi se centra na inconstitucionalidade de uma cláusula geral antielisiva com perspectiva integrativa.

Entretanto, como apontamos, a chave para a solução de casos concretos não está nas hipóteses de incidência dos tributos, mas sim nos fatos concretos. Logo, a posição da autora diante de situações reais infere-se mais do seu conceito de simulação do que da defesa do direito à economia tributária e da rejeição às cláusulas gerais antielisivas.

O artigo escrito pelos Professores Misabel Derzi e Valter Lobato teve como pano de fundo o voto proferido pela Ministra Cármen Lúcia na Ação Direta de Inconstitucionalidade nº 2.446 (ADI 2.446), cujo objeto era exatamente o exame da constitucionalidade do parágrafo único do artigo 116 do CTN.

Apontaram os autores que a Ministra Cármen Lúcia defendeu posição que muito se aproxima do que a Professora Misabel Derzi defende desde 2001. Como afirmaram, "a ADI conta com cinco votos favoráveis à constitucionalidade do parágrafo único do artigo 116 do CTN. A Ministra Cármen Lúcia, em voto louvável, colocou o dispositivo no seu devido lugar: como uma norma antievasiva, e não antielisiva, como discutiam Fisco e contribuintes".[159]

---

[158] DERZI, Misabel Abreu Machado; LOBATO, Valter. Planejamento Tributário, a ADI 2.446 e a Constitucionalidade da Norma Geral Antievasiva no Sistema Tributário Nacional. In: BRIGAGÃO, Gustavo; MATA, Juselder Cordeiro da (Orgs.). *Temas de Direito Tributário em Homenagem a Gilberto de Ulhôa Canto*. Belo Horizonte: Arraes, 2020. p. 466.

[159] DERZI, Misabel Abreu Machado; LOBATO, Valter. Planejamento Tributário, a ADI 2.446 e a Constitucionalidade da Norma Geral Antievasiva no Sistema Tributário Nacional. In: BRIGAGÃO, Gustavo; MATA, Juselder Cordeiro da (Orgs.). *Temas de Direito Tributário em Homenagem a Gilberto de Ulhôa Canto*. Belo Horizonte: Arraes, 2020. p. 470.

Se concordamos que o voto da Ministra Cármen Lúcia se aproxima bastante da posição de duas décadas da Professora Misabel Derzi, temos que afirmar, também, que o voto tem uma contradição difícil de ser afastada, na medida em que a Ministra afirma que o aludido dispositivo requer regulamentação para se tornar eficaz. Logo, levada essa interpretação ao extremo seria legítimo concluir que: (i) o parágrafo único do artigo 116 do CTN coíbe a prática de atos ilícitos pelo contribuinte; e (ii) para controlar tais práticas ilícitas, as autoridades fiscais dependeriam de regulamentação a ser editada, nada podendo fazer no presente.

Misabel Derzi e Valter Lobato perceberam a contradição, mesmo que não tenham jogado holofotes sobre ela. Tanto que se moveram em direção oposta ao voto, para sustentar que, tratando-se de dispositivo de combate à ilicitude, o parágrafo único do artigo 116 não requereria regulamentação,[160] embora a mesma fosse louvável, "sendo uma importante indução do Estado à confiança dos contribuintes no Sistema Jurídico Brasileiro".[161]

A posição desses autores certamente supera a contradição intrínseca presente no voto da Ministra Cármen Lúcia, porém, requer uma interpretação elástica do texto do parágrafo único do artigo 116 do CTN, afinal, como vimos afirmando forma,[162] o texto deste parágrafo único deixa pouca margem para se sustentar que sua eficácia prescindiria de regulamentação – como, neste aspecto corretamente, reconheceu a Ministra Cármen Lúcia em seu voto na ADI 2.446.

Diante do exposto, seguimos com a posição de que o mais relevante para compreendermos a posição concreta de Misabel Derzi sobre os limites do planejamento tributário legítimo é o seu conceito de simulação, e nada como analisarmos sua aplicação a casos reais para intuirmos o seu alcance.

---

[160] DERZI, Misabel Abreu Machado; LOBATO, Valter. Planejamento Tributário, a ADI 2.446 e a Constitucionalidade da Norma Geral Antievasiva no Sistema Tributário Nacional. In: BRIGAGÃO, Gustavo; MATA, Juselder Cordeiro da (Orgs.). *Temas de Direito Tributário em Homenagem a Gilberto de Ulhôa Canto*. Belo Horizonte: Arraes, 2020. p. 470.

[161] DERZI, Misabel Abreu Machado; LOBATO, Valter. Planejamento Tributário, a ADI 2.446 e a Constitucionalidade da Norma Geral Antievasiva no Sistema Tributário Nacional. In: BRIGAGÃO, Gustavo; MATA, Juselder Cordeiro da (Orgs.). *Temas de Direito Tributário em Homenagem a Gilberto de Ulhôa Canto*. Belo Horizonte: Arraes, 2020. p. 473.

[162] Ver: ROCHA, Sergio André. *O Planejamento Tributário na Obra de Marco Aurélio Greco*. Rio de Janeiro: Lumen Juris, 2019. p. 137-139.

## 4. APLICAÇÃO CONCRETA DA TEORIA DA AUTORA

Em 2007, foi publicado o livro "Planejamento Tributário à Luz da Jurisprudência", organizado por Douglas Yamashita.[163] O mérito deste livro foi ter pedido aos autores que analisassem casos concretos e manifestassem sua opinião. Mesmo que seja um livro já antigo, diante da estabilidade das posições da Professora Misabel Derzi sobre o tema do planejamento tributário, é possível utilizar suas análises como referência, mesmo que relativa, da aplicação concreta de sua teoria.

### 4.1. O CASO DO SEGURO DOTAL

O "planejamento tributário" envolvendo o seguro dotal tinha base no artigo 11, § 2º, do Decreto nº 24.239/1947, segundo o qual não seriam considerados no rendimento bruto da pessoa física "os prêmios de seguro restituídos em qualquer caso, inclusive no de renúncia do contrato". A estrutura contratual foi descrita por Sampaio Dória nos seguintes termos:

> "Consistia **essa evasão** em celebrar a pessoa física um contrato de seguro, pagando o prêmio (geralmente com recursos provindos de empréstimos concedidos pela própria seguradora) e cancelando-se ato contínuo o ajuste, diminuído de pequena importância correspondente ao lucro da seguradora no negócio. Ao preencher subsequentemente sua declaração de renda, o indivíduo abatia de seus ganhos o valor do prêmio pago e não incluía positivamente o valor do prêmio restituído, pois excluía a lei, de expresso, do rol de rendimentos tributáveis, as restituições de prêmio de seguro resultantes de renúncia ou cancelamento do contrato respectivo."[164] (Destaque nosso)

O Supremo Tribunal Federal analisou essa transação em algumas oportunidades, considerando-a uma forma ilegítima de economia fiscal. Nesse sentido, podemos citar, por exemplo, a decisão no Recurso Extraordinário nº 40.518 (DJ de 26/08/61), cuja ementa transcrevemos a seguir:

> "Impôsto de renda. **Seguro de vida feito pelo contribuinte para furtar-se ao pagamento do tributo.** **Fraude à lei.** Além da primeira categoria de fraude à lei, consistente em violar regras imperativas por meio de engenhosas combinações cuja legalidade se apoia em outros textos, existe uma

---

[163] YAMASHITA, Douglas (Coord.). *Planejamento Tributário à Luz da Jurisprudência.* São Paulo: Lex, 2007.

[164] DÓRIA, Antonio Roberto Sampaio. *Elisão e Evasão Fiscal.* 2 ed. São Paulo: José Bushatsky, 1977. p. 135-136.

segunda categoria de **fraude no fato do astucioso que se abriga atrás da rigidez de um texto para fazê-lo produzir resultados contrários ao seu espírito**. O problema da fraude à lei é imanente a todo ordenamento jurídico, **que não pode ver, com indiferença, serem ilididas, <u>pela malícia dos homens</u>**, as suas imposições e as suas proibições. Executivo fiscal julgado procedente." (Destaques nossos)

Misabel Derzi acompanhou a posição do STF neste caso, ressaltando a importância dos fatos para sua conclusão e observando que "em várias passagens, o ministro Gallotti refere-se às diferenças entre seguro verdadeiro (cujos prêmios pagos seriam dedutíveis) e seguro simulado, indedutível. É evidente que toda a simulação (o seguro é cancelado depois de poucos dias de contratação; as despesas do contribuinte não são reais, mas fictícias) tinha como meta lesar o Fisco, o que caracteriza **fraude à lei tributária. Mas o que é relevante, na avaliação da Corte, é a simulação feita para obter determinado resultado**".[165]

Vê-se que não se satisfaz a autora com a mera previsão do contrato de seguro no Direito Privado, nem com a celebração de um documento que atenda seus requisitos formais. A Professora mineira vai além e faz um exame fático da realidade para verificar se, de fato, estão presentes os elementos que caracterizam um contrato de seguro.

A posição de Misabel Derzi a diferencia, por exemplo, da manifestada por Ives Gandra da Silva Martins que, escrevendo em coautoria com José Ruben Marone no mesmo livro, sobre o mesmo caso, entendeu que esta simulação seria, na verdade, hipótese de planejamento fiscal legítimo:

> "Pelas razões aduzidas, não é possível no ordenamento jurídico brasileiro a aplicação do instituto da fraude à lei tributária, por conter hipótese de ficção em que se ignora a situação jurídica eleita como impeditiva da incursão no fato gerador do tributo, nos termos do inciso II do artigo 116 do CTN. No caso, a situação do seguro não é situação de fato, é sim jurídica, razão pela qual ignorá-la para tributar afronta a legalidade e todos os princípios constitucionais correlatos.
> Na hipótese julgada, inocorreu a simulação cuja natureza é de ilicitude e acobertamento de fato gerador também inocorrido."[166]

---

165 DERZI, Misabel Abreu Machado. O Direito à Economia de Imposto – Seus Limites (Estudo de Casos). In: YAMASHITA, Douglas (Coord.). *Planejamento Tributário à Luz da Jurisprudência*. São Paulo: LEX, 2007. p. 315.

166 MARTINS, Ives Gandra da Silva; MARONE, José Ruben. Elisão e Evasão Fiscal – Estudo de Casos. In: YAMASHITA, Douglas (Coord.). *Planejamento Tributário à Luz da Jurisprudência*. São Paulo: Lex, 2007. p. 160-161.

Note-se que, para esses autores, se foi celebrado um contrato de seguro, de acordo com as regras que lhe são aplicáveis, o mesmo não poderia ser desconsiderado, mesmo que, diante dos fatos, ficasse evidente que o elemento típico de um contrato de seguro, que é a indenização na eventualidade de um sinistro, nunca se fez presente.

## 4.2. ATIVIDADES PERSONALÍSSIMAS DESEMPENHADAS POR PESSOA JURÍDICA

O segundo caso analisado pela Professora mineira foi uma autuação envolvendo o técnico de futebol Luiz Felipe Scolari, por meio da qual as autoridades fiscais desconsideraram a pessoa jurídica por meio da qual eram recebidos rendimentos do autuado. Veja-se, a seguir, a ementa do Acórdão nº 106-14.244, proferido pelo então Primeiro Conselho de Contribuintes em 2004:

> "IMPOSTO DE RENDA DAS PESSOAS FÍSICAS – São rendimentos da pessoa física para fins de tributação do Imposto de Renda aqueles provenientes' -do trabalho assalariado, as remunerações por trabalho prestado no exercício de empregos, cargos, funções e quaisquer proventos ou vantagens percebidos tais como salários, ordenados, vantagens, gratificações, honorários, entre outras denominações. IRPF – LANÇAMENTO DE OFÍCIO. DECADÊNCIA – Quando os rendimentos da pessoa física sujeitarem-se tão-somente ao regime de tributação na declaração de ajuste anual e independentemente de exame prévio da autoridade administrativa, por caracterizar-se lançamento por homologação, o prazo decadencial tem início em 31 de dezembro do ano-calendário, tendo o Fisco cinco anos, a partir dessa data, para realizar o lançamento de ofício. SIMULAÇÃO – Não se caracteriza simulação para fins tributários quando ficar incomprovada a acusação de conluio entre empregador, sociedade esportiva, e o empregado, técnico de futebol profissional, por meio de empresa já constituída com o fim de prestar serviços de treinamento de equipe profissional futebol. MULTA QUALIFICADA DE OFÍCIO – Para que a multa de ofício qualificada no percentual de 150% possa ser aplicada é necessário que haja descrição e inconteste comprovação da ação ou omissão dolosa, na qual fique evidente o intuito de sonegação, fraude ou conluio, capitulado na forma dos artigos 71, 72 e 73 da Lei nº 4.502/64, respectivamente. APROVEITAMENTO DE CRÉDITOS – Devem ser aproveitados na apuração de crédito tributário os valores arrecadados sob o código de tributos exigidos da pessoa jurídica cuja receita foi desclassificada e convertida em rendimentos da pessoa física, base de cálculo de lançamento de ofício. Recurso provido parcialmente."

A posição de Misabel Derzi em relação a este acórdão não é tão clara quanto aquela manifestada sobre o caso do seguro dotal. Ao fim, não dá para ter certeza sobre sua opinião e parece que ela estava mais preocupada em ressaltar que os atos praticados foram considerados simulados, e não objeto de alguma outra patologia dos atos e negócios jurídicos.[167] Contudo, ainda assim a autora apresentou alguns critérios para a identificação da simulação de pessoa jurídica, mencionando que esta se materializa quando: "a) a pessoa não está regularmente constituída; b) quando os objetivos societários são falsos, ou não são cumpridos; c) quando a pessoa social não é atuante, não tem sede, nem pessoal ou organização próprios".[168] Principalmente o item "c" aproxima-se demais dos debates sobre a existência ou ausência de "substância econômica" na pessoa jurídica.

Sobre este caso, a Professora Misabel Derzi fez um comentário que, a nosso ver, merece destaque e tem que ser interpretado no contexto de sua produção sobre o tema do planejamento tributário. Sustenta a autora o seguinte:

> "Ora, mais uma vez repetimos. As figuras do **abuso de personalidade jurídica**, do **"abuso de direito"**, da **"fraude à lei"** ou da **"simulação"** somente geram consequências no Direito Tributário se for anulado o ato ou negócio jurídico eivado de vícios e de ilicitude para a totalidade do sistema jurídico. Inexiste a possibilidade de se considerar válida e lícita determinada pessoa jurídica, atuante dentro dos parâmetros da lei civil ou comercial, e de, simultaneamente, desconsiderá-la no seio do Direito Tributário, com o objetivo de se aumentar a arrecadação."[169]

Há duas formas de interpretar esta passagem: (i) uma no sentido de que para que seja possível o questionamento dos atos praticados pelo contribuinte pelas autoridades fiscais seria necessária a invalidação dos mesmos na esfera privada, para que então fosse possível a aplicação da legislação tributária; e (ii) uma segunda, de acordo com a qual o

---

[167] DERZI, Misabel Abreu Machado. O Direito à Economia de Imposto – Seus Limites (Estudo de Casos). In: YAMASHITA, Douglas (Coord.). *Planejamento Tributário à Luz da Jurisprudência*. São Paulo: LEX, 2007. p. 315-316.

[168] DERZI, Misabel Abreu Machado. O Direito à Economia de Imposto – Seus Limites (Estudo de Casos). In: YAMASHITA, Douglas (Coord.). *Planejamento Tributário à Luz da Jurisprudência*. São Paulo: LEX, 2007. p. 316.

[169] DERZI, Misabel Abreu Machado. O Direito à Economia de Imposto – Seus Limites (Estudo de Casos). In: YAMASHITA, Douglas (Coord.). *Planejamento Tributário à Luz da Jurisprudência*. São Paulo: LEX, 2007. p. 316.

que se requer é que o critério de identificação da simulação seja dado pelo Direito Privado (cf. o artigo 109 do CTN) e, portanto, que seja um parâmetro do ordenamento jurídico como um todo, e do Direito Tributário especificamente.

Parece-nos que a interpretação "ii" é a que melhor reflete a posição da Professora, especialmente se conjugada com a sua leitura do parágrafo único do artigo 116 do CTN. Na verdade, esta interpretação dá coerência à teoria de Misabel Derzi, na medida em que atribui uma finalidade a este dispositivo.

Com efeito, é claro que o parágrafo único do artigo 116 do CTN é uma regra que atribui competência diretamente às autoridades fiscais para desconsiderar atos praticados pelos contribuintes. Argumenta Misabel Derzi que essa competência está restrita aos atos ilícitos, simulados. Ademais, em linha com essa interpretação "ii", extrai-se de sua teoria que os critérios para identificação da simulação são dados pelo Direito Privado, sendo ilegítima a pretensão de se criarem "critérios exclusivamente fiscais" para a desconsideração de atos privados.

Esta nos parece a melhor interpretação da teoria da Professora, sendo compatível com a sua posição sobre o julgamento da ADI 2.446 e a eficácia do parágrafo único do artigo 116 do CTN.

### 4.3. INCORPORAÇÃO ÀS AVESSAS

O último caso analisado por Misabel Derzi foi uma autuação de incorporação às avessas. A decisão no Acórdão nº 401-01.857, proferido pela Câmara Superior de Recursos Fiscais em 1994, foi favorável ao contribuinte, sustentando que o contribuinte não teria praticado um ato simulado. Veja-se a ementa desta decisão:

> "IRPJ – SIMULAÇÃO NA INCORPORAÇÃO. Para que se possa materializar é indispensável que o ato praticado não pudesse ser realizado, fosse por vedação legal ou por qualquer outra razão. Se não existia impedimento para a realização da incorporação tal como realizada e o ato praticado não é de natureza diversa daquele que de fato aparenta, isto é, se de fato e de direito não ocorreu ato diverso da incorporação: não há como qualificar-se a operação de simulação. Os objetivos visados com a prática do ato não interferem na qualificação do ato praticado, portanto, se o ato praticado era lícito, as eventuais consequências contrárias ao fisco devem ser qualificadas como casos de elisão fiscal e não de evasão lícita."

Misabel Derzi não analisou os fatos dessa decisão. Como ela foi favorável aos contribuintes, sua análise focou mais no fato de que, corretamente, a Câmara Superior de Recursos Fiscais teria decidido com base na existência ou não de simulação.[170] Ao comentar a ementa da decisão, argumentou a Professora que "nessa decisão, procurou o Conselho de Contribuintes buscar a melhor doutrina e direito, **observando a coincidência entre o fato jurídico, a intenção do contribuinte e a realidade dos fatos (verdadeira e própria incorporação). Irrelevante será a ideia de que, com isso, o contribuinte obterá vantagens tributárias**".[171] (Destaque nosso)

Fica claro que a crítica da Professora mineira estava em grande parte focada na proliferação de argumentos baseados em outras patologias dos atos e negócios jurídicos que não a simulação, como critério para a desconsideração de atos praticados pelos contribuintes. Tanto que ela conclui que, "em síntese, na maioria dos casos, não importa a sofisticação peculiar ao caso (em que se define um '**abuso de direito ou de personalidade jurídica**' ou '**fraude à lei**'), o que se tem é verdadeiramente uma simulação de ato ou negócio. E a simulação absoluta ou relativa, em suas variadas formas (das quais resulte fraude à lei tributária depende de prova, cujo ônus cabe à Administração".[172]

Vê-se que a abordagem da autora, quando orientada por casos concretos e pela identificação, ou não, de simulação, torna-se inevitavelmente fático-concreta, de modo que será à luz dos fatos da situação real que se poderá identificar a posição da Professora Misabel Abreu Machado Derzi.

## 5. MISABEL DERZI: UMA LIBERTÁRIA MODERADA

Após esses comentários, podemos reiterar a afirmação que já apresentamos anteriormente, de que a teoria de Misabel Derzi sobre os

---

170 DERZI, Misabel Abreu Machado. O Direito à Economia de Imposto – Seus Limites (Estudo de Casos). In: YAMASHITA, Douglas (Coord.). *Planejamento Tributário à Luz da Jurisprudência*. São Paulo: LEX, 2007. p. 316.

171 DERZI, Misabel Abreu Machado. O Direito à Economia de Imposto – Seus Limites (Estudo de Casos). In: YAMASHITA, Douglas (Coord.). *Planejamento Tributário à Luz da Jurisprudência*. São Paulo: LEX, 2007. p. 317.

172 DERZI, Misabel Abreu Machado. O Direito à Economia de Imposto – Seus Limites (Estudo de Casos). In: YAMASHITA, Douglas (Coord.). *Planejamento Tributário à Luz da Jurisprudência*. São Paulo: LEX, 2007. p. 318.

limites do planejamento tributário legítimo é uma **teoria libertária moderada**.

É libertária porque escorada exclusivamente no valor liberdade e em princípios de segurança jurídica, tendo a simulação como único critério para a desconsideração e requalificação de atos e negócios jurídicos praticados pelos contribuintes.

Contudo, certamente a Professora mineira figura entre os autores que estamos designando "libertários moderados". Sua classificação neste grupo decorre principalmente de sua posição sobre o conceito de simulação. Vimos que aqui a autora se distancia dos conceitos restritivos que basicamente legitimam qualquer ato formalmente lícito praticado pelo contribuinte. Misabel Derzi, ao se basear na teoria de Sampaio Dória quanto ao tema, adota um conceito de simulação que privilegia a realidade dos atos praticados pelo contribuinte, em contraposição meramente à forma jurídica adotada.

Assim sendo, a obra de Misabel Derzi se afasta da mera legalidade formal como legitimadora de qualquer economia de tributo, exigindo que os atos praticados pelo contribuinte sejam congruentes com o que foi realizado e que reflitam fatos econômicos realmente ocorridos.

## 6. CONCLUSÃO

Venho sustentando a hipótese de que as posições de libertários moderados e solidaristas moderados são muito mais próximas do que se pode presumir. Isso se considerarmos a posição diante de casos concretos, não suas premissas axiológicas e principiológicas.

A visão de Misabel Derzi sobre os limites do planejamento tributário legítimo é de defesa incontestável da liberdade, mas de uma liberdade não simulada, ou seja, da liberdade de opção do contribuinte, não para distorcer a realidade mediante a adoção de formas jurídicas sem correspondência com os atos realmente praticados, mas, sim, para efetivamente realizar atos ou negócios jurídicos que resultem na menor tributação, desde que congruentes com a realidade fática e com o seu perfil objetivo. Por essa razão, seguindo a classificação que propusemos na introdução deste artigo, entendemos a posição da autora como libertária moderada.

## REFERÊNCIAS BIBLIOGRÁFICAS

DERZI, Misabel Abreu Machado. A Desconsideração dos Atos e Negócios Jurídicos Dissimulatórios, segundo a Lei Complementar nº 104, de 10 de janeiro de 2001. In: ROCHA, Valdir de Oliveira (Coord.). *O Planejamento Tributário e a Lei Complementar 104*. São Paulo: Dialética, 2001.

DERZI, Misabel Abreu Machado. O Princípio da Preservação das Empresas e o Direito à Economia de Imposto. In: ROCHA, Valdir de Oliveira (Coord.). *Grandes Questões Atuais do Direito Tributário: 10º Volume*. São Paulo: Dialética, 2006.

DERZI, Misabel Abreu Machado. O Direito à Economia de Imposto – Seus Limites (Estudo de Casos). In: YAMASHITA, Douglas (Coord.). *Planejamento Tributário à Luz da Jurisprudência*. São Paulo: LEX, 2007.

DERZI, Misabel Abreu Machado. *Modificações da Jurisprudência no Direito Tributário*. São Paulo: Noeses, 2009.

DERZI, Misabel Abreu Machado. O Planejamento Tributário e o Buraco do Real. Contraste entre a Complementabilidade do Direito Civil e a Vedação de Completude no Direito Tributário. In: FERREIRA, Eduardo Paz et. al. (Orgs.). *Estudos em Homenagem ao Professor Doutor Alberto Xavier*. Coimbra: Almedina, 2013. v. II.

DERZI, Misabel Abreu Machado. [Notas de Atualização]. In: BALEEIRO, Aliomar. *Direito Tributário Brasileiro*. 12 ed. Rio de Janeiro: Forense, 2013.

DERZI, Misabel Abreu Machado. Guerra Fiscal, Bolsa Família e Silêncio (Relações, efeitos e regressividade). *Revista Jurídica da Presidência*, Brasília, v. 16, n. 108, fev.-maio 2014.

DERZI, Misabel Abreu Machado; LOBATO, Valter. Planejamento Tributário, a ADI 2.446 e a Constitucionalidade da Norma Geral Antievasiva no Sistema Tributário Nacional. In: BRIGAGÃO, Gustavo; MATA, Juselder Cordeiro da (Orgs.). *Temas de Direito Tributário em Homenagem a Gilberto de Ulhôa Canto*. Belo Horizonte: Arraes, 2020.

DERZI, Misabel Abreu Machado. *Direito Tributário, Direito Penal e Tipo*. 4 ed. Belo Horizonte: Editora Fórum, 2021.

DERZI, Misabel Abreu Machado; BOTELHO, Cristiane Miranda; MAGALHÃES, Tarcísio Diniz. A Distorção do Sistema Tributário Nacional Referente ao Imposto de Renda da Pessoa Física Assalariada e do Prestador de Serviços. In: DERZI, Misabel Abreu Machado; MELO, João Paulo Fanucchi de Almeida (Coords.). *Justiça Fiscal* Belo Horizonte: Del Rey, 2016.

DÓRIA, Antonio Roberto Sampaio. *Elisão e Evasão Fiscal*. 2 ed. São Paulo: José Bushatsky, 1977.

MARTINS, Ives Gandra da Silva; MARONE, José Ruben. Elisão e Evasão Fiscal – Estudo de Casos. In: YAMASHITA, Douglas (Coord.). *Planejamento Tributário à Luz da Jurisprudência*. São Paulo: Lex, 2007.

ROCHA, Sergio André. Para que Serve o Parágrafo Único do Artigo 116 do CTN Afinal? In: GODOI, Marciano Seabra de; ROCHA, Sergio André (Coords.). *Planejamento Tributário: Limites e Desafios Concretos*. Belo Horizonte: Editora D'Plácido, 2018.

ROCHA, Sergio André. *O Planejamento Tributário na Obra de Marco Aurélio Greco*. Rio de Janeiro: Lumen Juris, 2019.

ROCHA, Sergio André. *Fundamentos do Direito Tributário Brasileiro*. Belo Horizonte: Editora Letramento, 2020.

ROCHA, Sergio André. O Planejamento Tributário na Obra de Sampaio Dória. *Revista Fórum de Direito Tributário*, Belo Horizonte, n. 109, jan-fev 2021.

YAMASHITA, Douglas (Coord.). *Planejamento Tributário à Luz da Jurisprudência*. São Paulo: Lex, 2007.

XAVIER, Alberto. *Os Princípios da Legalidade e da Tipicidade da Tributação*. São Paulo: Revista dos Tribunais, 1978.

XAVIER, Alberto. *Tipicidade da Tributação, Simulação e Norma Antielisiva*. São Paulo: Dialética, 2001.

# V.

# O PLANEJAMENTO TRIBUTÁRIO NA OBRA DE SACHA CALMON NAVARRO COÊLHO

**sumário** 1. Introdução. 2. Premissas Axiológicas e Principiológicas de Sacha Calmon. 2.1. Aspectos Éticos da Elisão. 2.2. Princípios Tributários na Obra de Sacha Calmon. 3. Limites à Economia Tributária Legítima em Sacha Calmon. 3.1. O Parágrafo Único do Artigo 116 do CTN na Teoria de Sacha Calmon. 4. Aplicação Concreta da Teoria do Autor. 4.1. O Caso do Seguro Dotal. 4.2. Atividades Personalíssimas Desempenhadas por Pessoa Jurídica. 4.3. Incorporação às Avessas. 4.4. Relação entre Controlador e Controlada. 5. Sacha Calmon: Um Libertário Moderado. 6. Conclusão. Referências Bibliográficas.

## I. INTRODUÇÃO

Sacha Calmon Navarro Coêlho analisou o planejamento tributário e seus limites em algumas oportunidades, destacando-se, entre seus trabalhos, o livro "Evasão e Elisão Fiscal. O Parágrafo Único do Art. 116, CTN, e o Direito Comparado",[173] que levaremos em conta em diversas oportunidades ao longo deste texto. Além desta obra monográfica, destacamos, também, artigos específicos publicados pelo Professor mineiro[174] em 2001,[175] 2007[176] e 2016.[177]

Além destes livros específicos, foram importantes para nossas considerações os comentários do autor à Constituição de 1988[178] e seu "Curso de Direito Tributário".[179]

O estudo do planejamento tributário tem dois planos distintos que muitas vezes são misturados e confundidos, o que gera ruídos e equí-

---

[173] COÊLHO, Sacha Calmon Navarro. *Evasão e Elisão Fiscal. O Parágrafo Único do Art. 116, CTN, e o Direito Comparado*. Rio de Janeiro: Forense, 2006.

[174] Embora Sacha Calmon seja natural da Bahia, ele se tornou um dos maiores expoentes da "Escola Mineira" do Direito Tributário, razão pela qual neste texto faremos referência ao professor como mineiro.

[175] COÊLHO, Sacha Calmon Navarro. Os Limites Atuais do Planejamento Tributário. In: ROCHA, Valdir de Oliveira (Coord.). *O Planejamento Tributário e a Lei Complementar 104*. São Paulo: Dialética, 2001. p. 279-304.

[176] COÊLHO, Sacha Calmon Navarro. Fraude à Lei, Abuso de Direito e Abuso de Personalidade Jurídica em Direito Tributário – Denominações Distintas para o Instituto da Evasão Fiscal. In: YAMASHITA, Douglas (Coord.). *Planejamento Tributário: à Luz da Jurisprudência*. São Paulo: LEX Editora, 2007. p. 349-391.

[177] COÊLHO, Sacha Calmon Navarro. Considerações Acerca do Planejamento Tributário no Brasil. In: MACHADO, Hugo de Brito (Coord.). *Planejamento Tributário*. São Paulo: Malheiros, 2016. p. 635-656.

[178] COÊLHO, Sacha Calmon Navarro. *Comentários à Constituição de 1988*. 10 ed. Rio de Janeiro: Forense, 2006.

[179] COÊLHO, Sacha Calmon Navarro. *Curso de Direito Tributário*. 8 ed. Rio de Janeiro: Forense, 2005.

vocos difíceis superar. O primeiro é o **plano ético, axiológico e principiológico**, em que se debatem os fundamentos do controle do planejamento tributário. Aqui entram em cena a existência, ou não, de uma "obrigação" moral de pagar o tributo devido; de um dever fundamental de pagar tributos e seus reflexos sobre o planejamento fiscal; a interconexão entre os valores liberdade, justiça e solidariedade no campo da tributação;[180] a definição dos princípios constitucionais que pautam os limites do planejamento tributário, etc.

A seu turno, **o segundo plano é aplicativo-concreto**. Neste âmbito, discutem-se os critérios de que o intérprete-aplicador do Direito se vale diante de atos e negócios jurídicos concretos, para caracterizá-los como atos ou como negócios jurídicos cujos efeitos devam ser acolhidos, sem contestação, pelas autoridades fiscais, ou como atos ou negócios jurídicos que possam ser desconsiderados e requalificados pela fiscalização.

Segundo vemos, talvez o maior problema encontrado nos debates sobre o planejamento tributário nos últimos anos decorra das seguintes **abordagens**: (i) a excessiva relevância atribuída ao primeiro plano (ético, axiológico e principiológico); e (ii) a confusão entre os dois planos do debate, estabelecendo-se como premissa que uma certa posição quanto aos aspectos éticos, axiológicos e principiológicos leva, necessariamente, a uma visão determinada das questões aplicativas e concretas.

As duas abordagens referidas no parágrafo anterior, segundo vemos, estão **equivocadas**.

A **primeira abordagem** é uma leitura parcial. Ela foca os aspectos éticos, axiológicos e principiológicos como se fossem os únicos relevantes. Como consequência, equiparam-se autores considerando apenas suas posições nesses campos, sem uma maior preocupação com o plano aplicativo concreto.

Por outro lado, a **segunda abordagem**, mesmo que de forma inconsciente, tem como premissa que posições equivalentes no plano ético, axiológico e principiológico resultariam em manifestações unidirecionais na aplicação concreta. Em outras palavras, que o fato de dois ou mais autores concordarem sobre a prevalência da segurança jurídica sobre os demais princípios—em relação ao conteúdo e alcance dos prin-

---

[180] Ver: ROCHA, Sergio André. *Fundamentos do Direito Tributário Brasileiro*. Belo Horizonte: Editora Letramento, 2020. p. 71-92.

cípios da legalidade, da tipicidade e da capacidade contributiva –, à necessidade de contenção do papel dos Poderes Executivo e Judiciário no campo do controle do planejamento tributário, resultaria na defesa do mesmo tipo de critério para a determinação da legalidade – ou legitimidade – da conduta do contribuinte em casos concretos.

O debate tributário, como de resto a vida em sociedade, parece ter-se polarizado em posições binárias extremadas, entre os que seriam supostamente defensores da liberdade de planejamento tributário e os que lhe oporiam restrições.

Essa abordagem binária, pretensamente redutora da complexidade da vida real, é tão comum quanto falsa e gera ruídos comunicacionais que impedem o avanço de debates construtivos para a definição dos limites do planejamento tributário.

Parece-nos, portanto, que a polarização binária da doutrina brasileira sobre planejamento tributário é falsa, havendo pelo menos quatro posições teóricas não uniformes que têm pontos de contato suficientes para serem reunidas em quatro grupos, a saber: (i) posições libertárias extremas;[181] (ii) posições libertárias moderadas; (iii) posições solidaristas moderadas; e (iv) posições solidaristas extremas.

Podemos estabelecer os critérios básicos de enquadramento em cada uma dessas categorias nos seguintes termos:

- **Posições libertárias extremas:** prevalência do valor liberdade e do princípio da segurança jurídica; legalidade e anterioridade em relação ao fato gerador como critérios não exclusivos de legitimação do planejamento tributário; conceito de simulação como vício de vontade; rejeição de outras patologias como limites da economia tributária legítima.
- **Posições libertárias moderadas:** prevalência do valor liberdade e do princípio da segurança jurídica; legalidade e anterioridade em relação ao fato gerador como critérios não exclusivos de legitimação do planejamento tributário; conceito amplo de simulação – como incongruência entre a forma empregada pelo contribuinte e o conteúdo do ato realmente praticado – e/ou utilização de outras patologias como limites da economia tributária legítima.

---

[181] As palavras "libertário" e "libertária" estão sendo usadas neste livro exclusivamente em relação a aspectos atinentes ao planejamento tributário, não tendo, assim, qualquer conotação política ou econômica.

- **Posições solidaristas moderadas:** ponderação dos valores liberdade e solidariedade; legalidade e anterioridade em relação ao fato gerador como critérios não exclusivos de legitimação do planejamento tributário; conceito amplo de simulação – como incongruência entre a forma empregada pelo contribuinte e o conteúdo do ato realmente praticado – e/ou utilização de outras patologias como limites da economia tributária legítima.
- **Posições solidaristas extremas:** prevalência do valor solidariedade sobre o valor liberdade; possibilidade de desconsideração de atos e negócios jurídicos, mesmo que ausente qualquer patologia, com base na aplicação do princípio da capacidade contributiva.

Este artigo tem dois objetivos: **primeiro**, apresentar uma análise da teoria de Sacha Calmon sobre o planejamento tributário e seus limites; **segundo**, classificar sua abordagem teórica em uma dessas quatro categorias.

Para os propósitos deste estudo, vamos analisar a obra de Sacha Calmon sob três critérios: (i) suas premissas axiológicas e principiológicas; (ii) a simulação como limite à economia tributária legítima; e (iii) a aplicação concreta da teoria do autor.

## 2. PREMISSAS AXIOLÓGICAS E PRINCIPIOLÓGICAS DE SACHA CALMON NAVARRO COÊLHO

### 2.1. ASPECTOS ÉTICOS DA ELISÃO

Sacha Calmon refuta de forma veemente a existência de um "dever" ético do contribuinte de não buscar a economia tributária. Muito pelo contrário, a sua teoria está escorada sobre o direito fundamental do contribuinte de perseguir, de forma lícita, pagar o menor tributo possível. Veja-se a seguinte passagem:

> "O argumento de que o princípio da isonomia está a exigir de cada contribuinte em idêntica situação de capacidade contributiva uma mesma contribuição, o que justificaria a eliminação da elisão fiscal, de modo a construir, como determina a nossa Constituição, uma sociedade livre, justa e solidária, não passa de falácia a serviço do Estado **onipotente e opressor**. O viés ideológico dessa proposição é evidente. Nunca se ouviu dizer em nosso país que mandar empregados para casa, substituindo-os por robôs e computadores, era contra os princípios da prevalência do emprego e da

proteção do mais débil. Economizar salários ou impostos dá no mesmo. É uma economia de custos, desde que não haja divergência entre a *intentio facti* e a *intentio juris*, quando ocorre o fenômeno da dissimulação (ocultamento do negócio jurídico real). Aos particulares deve-se resguardar o dever de competir. O resto é moralismo hipócrita, com laivos de idealismo, insustentável diante de um Estado que **desiguala** as pessoas jurídicas e físicas com legislação casuística ou extrafiscal e que, ao invés de ser **neutro**, desorganiza a economia, em prol de interesses puramente arrecadatórios. [...]."[182]

Esta passagem, que já estava presente em artigo do autor publicado em 2001,[183] marca uma posição clara e reiterada do autor na defesa da impossibilidade de se fundamentar cobranças tributárias nos princípios da isonomia e da capacidade contributiva de um lado, e da liberdade de economia tributária "desde que não haja divergência entre a *intentio facti* e a *intentio juris*". Como afirma Sacha Calmon, "no campo do Direito Tributário, por exemplo, os princípios da igualdade e da capacidade contributiva, foram gestados ao longo do devir histórico para conter o poder de tributar, especialmente o poder de legislar sobre tributos. O objetivo sempre foi obrigar o legislador a pesquisar a capacidade contributiva dos sujeitos passivos antes de fazer as leis, e fazê-las obedecendo as igualdades visíveis e possíveis. No entanto, as teorias pós-modernas entortam esses princípios contra os próprios contribuintes, obrigando-os como verdadeiros robôs, sem direitos ou vontade, a pagar sem tugir ou mugir, todos os tributos que os seus iguais pagam ou deveriam pagar (nunca se sabe ...), sob pena de serem tidos por autores de fraude à lei. A perversão é evidente e conspira contra a Constituição".[184]

Como apontamos, para o Professor mineiro o planejamento tributário é "elemento competitivo de alta importância entre as empresas, porquanto a economia fiscal, por óbvio, é refletida nos preços pratica-

---

[182] COÊLHO, Sacha Calmon Navarro. *Evasão e Elisão Fiscal. O Parágrafo Único do Art. 116, CTN, e o Direito Comparado*. Rio de Janeiro: Forense, 2006. p. 51.

[183] COÊLHO, Sacha Calmon Navarro. Os Limites Atuais do Planejamento Tributário. In: ROCHA, Valdir de Oliveira (Coord.). *O Planejamento Tributário e a Lei Complementar 104*. São Paulo: Dialética, 2001. p. 283.

[184] COÊLHO, Sacha Calmon Navarro. *Evasão e Elisão Fiscal. O Parágrafo Único do Art. 116, CTN, e o Direito Comparado*. Rio de Janeiro: Forense, 2006. p. 9.

dos pelos contribuintes".[185] Na "busca pelo incremento da eficiência no exercício das atividades empresariais", a economia de tributos seria "um direito consubstanciado pela garantia do livre-exercício da atividade econômica (art. 170 da CF de 1988) e pela livre-iniciativa (art. 1º da CF de 1988), valor incrustado na ordem constitucional pátria".[186]

Logo, não vamos encontrar na teoria de Sacha Calmon a defesa de "deveres" morais do pagamento de tributos ou de uma ética que implique em uma obrigação de não buscar a redução de seus encargos fiscais. Muito pelo contrário, segundo o autor "ao contribuinte não é imposta a obrigação de maximizar a incidência tributária das atividades por ele exercidas, podendo lançar mão de estratégias que possuam o condão de minorar, ou mesmo suprimir a incidência do tributo – desde que por meios lícitos, destaque-se".[187]

Esta parte final é relevantíssima e desde já deve ser destacada. O direito fundamental de minorar ou suprimir a incidência de tributo deve ser implementado **por meios lícitos**. Consequentemente, a grande questão a ser respondida é: o que seriam tais meios lícitos na construção teórica do Professor Sacha Calmon Navarro Coêlho? Chegaremos a este ponto, mas, antes, comentaremos como os princípios jurídico-tributários se inter-relacionam com as posições do autor.

## 2.2. PRINCÍPIOS TRIBUTÁRIOS NA OBRA DE SACHA CALMON

Como se passa com outros autores do mesmo campo teórico, a teoria do Professor Sacha Calmon está escorada no princípio da legalidade,[188]

---

185 COÊLHO, Sacha Calmon Navarro. Considerações Acerca do Planejamento Tributário no Brasil. In: MACHADO, Hugo de Brito (Coord.). *Planejamento Tributário*. São Paulo: Malheiros, 2016. p. 635.

186 COÊLHO, Sacha Calmon Navarro. Considerações Acerca do Planejamento Tributário no Brasil. In: MACHADO, Hugo de Brito (Coord.). *Planejamento Tributário*. São Paulo: Malheiros, 2016. p. 635.

187 COÊLHO, Sacha Calmon Navarro. Considerações Acerca do Planejamento Tributário no Brasil. In: MACHADO, Hugo de Brito (Coord.). *Planejamento Tributário*. São Paulo: Malheiros, 2016. p. 636.

188 Tamanha a relevância que o Professor atribui à legalidade, que ele afirma se este princípio um "princípio fundante" dos demais princípios de segurança. Em suas palavras, "ao iniciar o estudo dos grande princípios retores da tributação, anunciamos que eles eram conexos e entrecruzados. O asserto, posto que verdadeiro, não encerra toda a verdade. É que anterioridade ou anualidade ou lapso temporal (princípio da não-surpresa do contribuinte), tipicidade (especificação do conteúdo

associado à exigência de tipicidade, considerando, ainda, um certo perfil dos princípios da isonomia e do contraditório.

Sobre a legalidade, diz o autor que "tanto quanto o Direito Penal, o Direito Tributário registra, ao longo da sua evolução histórica, a luta indômita dos povos para submeter o poder dos governantes ao primado da legalidade. O *jus puniendi* e o *jus tributandi* foram, antanho, absolutos. Hoje, todavia, repete-se por toda parte: *nullum tributum, nulla poena sine lege*. Assim o que quer a consciência jurídica hodierna. Estado de Direito e legalidade na tributação são termos equivalentes.. Onde houver Estado de Direito haverá respeito ao princípio da reserva de lei em matéria tributária. Onde prevalecer o arbítrio tributário certamente inexistirá Estado de Direito. E, pois, liberdade e segurança tampouco existirão".[189]

Sacha Calmon vincula o princípio da legalidade à exigência de fechamento ou especificação conceitual, que se corporificam no princípio da tipicidade.[190] Em suas palavras, "a lei fiscal deve conter norma clara (*especificação*). A lei fiscal deve conter todos os elementos estruturais do tributo: o fato jurígeno sob o ponto de vista material, espacial, temporal e pessoal (*hipótese de incidência*) e a *consequência jurídica* imputada à realização do fato jurígeno (*dever jurídico*). Equivale dizer que a norma jurídico-tributária não pode ser tirada do *ordo juris* nem sacada por analogia; deve estar pronta na lei, de forma inequívoca, obrigando o *legislador a tipificar os fatos geradores de deveres fiscais*. De pouca serventia seria fixar no Legislativo a função de fazer as leis fiscais (legalidade) se ela não permitisse ao contribuinte conhecer claramente

---

da lei tributária) e irretroatividade (negativa de efeito retrooperante da lei) são subprincípios que florescem do tronco robusto do princípio da legalidade ao longo da história" (COÊLHO, Sacha Calmon Navarro. *Comentários à Constituição de 1988*. 10 ed. Rio de Janeiro: Forense, 2006. p. 221).

[189] COÊLHO, Sacha Calmon Navarro. *Curso de Direito Tributário*. 8 ed. Rio de Janeiro: Forense, 2005. p. 213.

[190] Segundo Sacha Calmon, o princípio da tipicidade "*nunca é expresso* nas Constituições e nas leis *nominalmente. Tipicidade* ou *precisão* conceitual é o outro nome do princípio da legalidade material" (COÊLHO, Sacha Calmon Navarro. *Curso de Direito Tributário*. 8 ed. Rio de Janeiro: Forense, 2005. p. 218). Ver, também: COÊLHO, Sacha Calmon Navarro. O Princípio da Legalidade. O Objeto da Tutela. In: PIRES, Adilson Rodrigues; TÔRRES, Heleno Taveira (Orgs.). *Princípios de Direito Financeiro e Tributário: Estudos em Homenagem ao Professor Ricardo Lobo Torres*. Rio de Janeiro: Renovar, 2005. p. 626-630.

o seu dever (tipicidade) e previamente (não-surpresa). A obscuridade da lei fiscal abriria espaço para a *interpretação aplicativa do Executivo*. Isto posto, revela-se porque os princípios da *legalidade, anterioridade, anualidade, tipicidade e irretroatividade* são princípios conexos e entrecruzados, como averbado *ab initio*".[191]

Vê-se que, partindo da lógica dúplice da legalidade e da tipicidade tributárias, o Professor vai atribuir o desenho integral da hipótese de incidência e da relação jurídica tributária, em todos os seus aspectos, ao legislador, não deixando liberdade de conformação aos Poderes Executivo e Judiciário. Como observa o Professor, "o Poder Legislativo é a única esfera competente para instituir, majorar ou definir aspectos dos tributos. Se há certas manifestações de capacidade contributiva não tributadas, isso representa uma opção realizada pelo próprio legislador".[192]

Além da defesa intransigente da legalidade, formal e material, como apontamos, Sacha Calmon defende sempre a percepção do princípio da capacidade contributiva como uma proteção do contribuinte contra a tributação injusta, e jamais um instrumento para defesa da incidência fiscal. De acordo com suas lições:

> "As normas tributárias, diga-se agora, são aplicadas por rigorosa subsunção, em razão dos princípios da legalidade formal e da tipicidade material (o fato-tipo ou típico tem estrutura dura e fechamento conceitual prévio no momento aplicativo). Os princípios da igualdade e da capacidade contributiva já se dirigem ao legislador, precedem as leis.
> Estes princípios limitam o legislador, o administrador e o juiz, isto é, o Estado, jamais o contribuinte, deles beneficiário."[193]

Esta visão do princípio da capacidade contributiva fica clara em outra passagem, em que Sacha Calmon afirma que "a ideia de que a mera manifestação de capacidade contributiva, por si só, dá ensejo à incidência tributária não se coaduna com a ordem constitucional vigen-

---

[191] COÊLHO, Sacha Calmon Navarro. *Curso de Direito Tributário*. 8 ed. Rio de Janeiro: Forense, 2005. p. 218.

[192] COÊLHO, Sacha Calmon Navarro. Considerações Acerca do Planejamento Tributário no Brasil. In: MACHADO, Hugo de Brito (Coord.). *Planejamento Tributário*. São Paulo: Malheiros, 2016. p. 638.

[193] COÊLHO, Sacha Calmon Navarro. *Evasão e Elisão Fiscal. O Parágrafo Único do Art. 116, CTN, e o Direito Comparado*. Rio de Janeiro: Forense, 2006. p. 30.

te e representa flagrante afronta aos pilares fundamentais do Estado Democrático de Direito".[194]

O autor faz uma conexão direta entre os princípios da legalidade e da tipicidade e os limites do planejamento tributário. O que se percebe é que, para Sacha Calmon, a desconsideração e requalificação, pela autoridade fiscal, de atos e negócios jurídicos praticados pelo contribuinte, poderia resultar na cobrança de tributo sem base legal, o que o Professor mineiro – corretamente – rejeita com veemência. Segundo suas lições, "o princípio da legalidade da tributação, porque na lei estão todos os elementos estruturais do tributo, oferece resistência até à 'interpretação extensiva', *sem falar em analogia, esta expressamente vedada pelo CTN*. O legislador pode, é verdade, equiparar institutos e sacar efeitos tributários específicos ao fazer a lei. Mas é o próprio programa da lei que está em foco, sem nenhuma 'interpretação econômica'".[195]

Ora, (i) se os princípios da legalidade e da tipicidade asseguram não só que todos os deveres tributários devem ser veiculados por lei, mas também que os textos normativos devem se valer de conceitos claros, específicos e determinados; e, (ii) se a liberdade econômica permite ao contribuinte optar "pelas formas jurídicas de organização econômica e pelos negócios jurídicos existentes no quadro legal vigente",[196] para este professor somente a ilicitude, o descompasso com as previsões legais, poderia levar à desconsideração dos atos praticados pelo sujeito passivo.

Contudo, temos ressaltado que essas posições axiológicas e principiológicas são insuficientes para anteciparmos as posições de autores diante de situações concretas, de modo que temos que avançar para compreender os critérios utilizados por Sacha Calmon para separar planejamentos fiscais lícitos de condutas evasivas.

---

[194] COÊLHO, Sacha Calmon Navarro. Considerações Acerca do Planejamento Tributário no Brasil. In: MACHADO, Hugo de Brito (Coord.). *Planejamento Tributário*. São Paulo: Malheiros, 2016. p. 637.

[195] COÊLHO, Sacha Calmon Navarro. Os Limites Atuais do Planejamento Tributário. In: ROCHA, Valdir de Oliveira (Coord.). *O Planejamento Tributário e a Lei Complementar 104*. São Paulo: Dialética, 2001. p. 289.

[196] COÊLHO, Sacha Calmon Navarro. *Evasão e Elisão Fiscal. O Parágrafo Único do Art. 116, CTN, e o Direito Comparado*. Rio de Janeiro: Forense, 2006. p. 53.

## 3. LIMITES À ECONOMIA TRIBUTÁRIA LEGÍTIMA EM SACHA CALMON

Ao tratar dos critérios que permitiriam a desconsideração de atos praticados pelos contribuintes, a teoria de Sacha Calmon está baseada na premissa de que somente atos ilícitos podem ser desconsiderados. Ademais, uma revisão de suas lições demonstra que o autor rejeita a possibilidade de outras patologias, como o abuso de direito e a fraude à lei, serem utilizadas como critério para a determinação da ilegalidade de atos praticados pelos contribuintes.

Em relação ao abuso de direito, o autor é categórico ao afirmar que "em Direito Tributário não há que falar em abuso de direito, somente possível em campos dos direitos privados potestativos, de livre disposição pelos titulares dos mesmos, em prejuízo evidente de terceiros. Não é o caso do Direito Tributário, dominado pelo princípio da legalidade e da verdade material. O chamado *abuso de formas de direito privado* tem sede noutro lugar na teoria geral do Direito Tributário. Não se aplica à matéria in examen".[197]

Também a fraude à lei é considerada inadequada para restringir a liberdade de economia tributária dos contribuintes. Para o Professor, "é equivocado falar-se em 'fraude à lei'. Ou a conduta é lícita (e se está diante de elisão) ou é ilícita (e, portanto, se trata de evasão). O instituto da 'fraude à lei' tem sido tratado por parte da doutrina nacional como uma autorização para que a fiscalização desconsidere atos ou negócios jurídicos lícitos caso o único objetivo dos mesmos seja a economia de impostos. Trata-se de verdadeira 'importação' de instituto europeu, que é adotado, v.g., no artigo 24 da Lei Geral Tributária Espanhola".[198]

Note-se que, em parte, a rejeição de Sacha Calmon à utilização da fraude à lei para fundamentar a desconsideração de atos e negócios

---

[197] COÊLHO, Sacha Calmon Navarro. Os Limites Atuais do Planejamento Tributário. In: ROCHA, Valdir de Oliveira (Coord.). *O Planejamento Tributário e a Lei Complementar 104*. São Paulo: Dialética, 2001. p. 298. Ver, também: COÊLHO, Sacha Calmon Navarro. *Evasão e Elisão Fiscal. O Parágrafo Único do Art. 116, CTN, e o Direito Comparado*. Rio de Janeiro: Forense, 2006. p. 33.

[198] COÊLHO, Sacha Calmon Navarro. Fraude à Lei, Abuso de Direito e Abuso de Personalidade Jurídica em Direito Tributário – Denominações Distintas para o Instituto da Evasão Fiscal. In: YAMASHITA, Douglas (Coord.). *Planejamento Tributário: à Luz da Jurisprudência*. São Paulo: LEX Editora, 2007. p. 356.

jurídicos privados parte da premissa de que este instituto equivale à adoção da teoria do teste do propósito negocial. Ele afirma isso categoricamente ao comentar que na lei espanhola, a fraude à lei "consiste na adoção do *business purpose test*, ou teste da finalidade negocial, segundo o qual o ato jurídico – ainda que perfeitamente lícito – que tenha por escopo unicamente reduzir a carga tributária, deve ser desconsiderado em seus efeitos, para fins de tributação plena e mais gravosa".[199]

Em estudo mais recente, o Professor mineiro faz longa crítica à utilização do teste do propósito negocial, ou da exigência de razões extratributárias,[200] no contexto do controle do planejamento tributário. Vejamos suas palavras:

> "Não obstante a importância conferida pela ordem constitucional brasileira aos princípios basilares do Estado Democrático de Direito, o Fisco vem adotando uma prática que vai de encontro aos seus mandamentos básicos, qual seja: a exigência do chamado propósito negocial para as operações analisadas.
> De acordo com essa tese, a oponibilidade do ato ou negócio jurídico ao Fisco depende de ter sido ele praticado por razões extratributárias, ou seja, que não tenham por única finalidade a eliminação ou redução da carga tributária, mas, *e.g.*, interesses de ordem familiar, questões econômicas etc. Inexistindo a finalidade extratributária, estaria a Fiscalização autorizada a desconsiderar a operação por dissimulação, como visto anteriormente.
> A consideração do *business purpose test* deve ser criticada, pois, se o ato ou negócio é praticado antes do fato gerador, se é válido e corresponde à real intenção das partes, a economia de tributos é tão permitida quanto qualquer outra economia empresarial. Afinal, sob a ótica empresarial o tributo é um custo que, como qualquer outro, deve ser reduzido ou eliminado, **dentro dos parâmetros legais**."[201] (Destaque nosso)

---

[199] COÊLHO, Sacha Calmon Navarro. Fraude à Lei, Abuso de Direito e Abuso de Personalidade Jurídica em Direito Tributário – Denominações Distintas para o Instituto da Evasão Fiscal. In: YAMASHITA, Douglas (Coord.). *Planejamento Tributário: à Luz da Jurisprudência*. São Paulo: LEX Editora, 2007. p. 356.

[200] Segundo Sacha Calmon, "o cerne da discussão acerca do planejamento tributário gira em torno da necessidade, ou não, de uma finalidade extrafiscal para a sua realização" (COÊLHO, Sacha Calmon Navarro. Considerações Acerca do Planejamento Tributário no Brasil. In: MACHADO, Hugo de Brito (Coord.). *Planejamento Tributário*. São Paulo: Malheiros, 2016. p. 636).

[201] COÊLHO, Sacha Calmon Navarro. Considerações Acerca do Planejamento Tributário no Brasil. In: MACHADO, Hugo de Brito (Coord.). *Planejamento Tributário*. São Paulo: Malheiros, 2016. p. 647.

Como neste parágrafo, Sacha Calmon sempre ressalva que para serem considerados elisivos, os atos realizados pelo contribuinte devem ser praticados **dentro dos parâmetros legais**. Sendo assim, já se nota que o grande desafio aqui, como nas teorias de outros autores, é definir e delimitar tais parâmetros legais.

Ao rejeitar a aplicação do abuso de direito e da fraude à lei, o Professor Sacha Calmon, abordando separadamente a **simulação** e a **dissimulação**, vai recorrer à simulação como base para a desconsideração dos atos implementados pelos contribuintes.

Para o autor, a simulação absoluta ocorre quando "a intenção verdadeira do agente não é efetuar o negócio jurídico simulado, constituindo-se em uma das figuras ilícitas empregadas como meio para se obter a redução da carga tributária". Sacha Calmon cita, então, passagem da Professora Misabel Derzi sobre a simulação absoluta, em que a autora esclarece que "a simulação absoluta exprime ato jurídico inexistente, ilusório, fictício, ou que não corresponde à realidade, total ou parcialmente, mas a uma declaração de vontade falsa. É o caso de um contribuinte que abate despesas *inexistentes*, relativas a dívidas fictícias". [202]

Mais interessante do que essa definição de simulação absoluta é a definição da **simulação relativa** ou **dissimulação** para o Professor. Com efeito, de acordo com sua lição, "para que o Fisco possa proceder à desconsideração de negócios jurídicos com base na dissimulação, é condição *sine qua non* a existência de divergência entre aquilo que declarou o agente, não a vontade interna do indivíduo, e as formas jurídicas que revestiram a operação realizada". [203]

A definição de dissimulação de Sacha Calmon reforça que o inconformismo do Professor mineiro volta-se principalmente contra a pretensão de se considerar relevante para reprimir o ato praticado pelo contribuinte, a sua intenção, o seu propósito ou o seu motivo sub-

---

[202] COÊLHO, Sacha Calmon Navarro. Considerações Acerca do Planejamento Tributário no Brasil. In: MACHADO, Hugo de Brito (Coord.). *Planejamento Tributário*. São Paulo: Malheiros, 2016. p. 644. Ver: DERZI, Misabel Abreu Machado. A Desconsideração dos Atos e Negócios Jurídicos Dissimulatórios, segundo a Lei Complementar nº 104, de 10 de janeiro de 2001. In: ROCHA, Valdir de Oliveira (Coord.). *O Planejamento Tributário e a Lei Complementar 104*. São Paulo: Dialética, 2001. p. 214.

[203] COÊLHO, Sacha Calmon Navarro. Considerações Acerca do Planejamento Tributário no Brasil. In: MACHADO, Hugo de Brito (Coord.). *Planejamento Tributário*. São Paulo: Malheiros, 2016. p. 645.

jetivo. Porém, sua teoria não protege do questionamento o ato praticado no qual se verifique um descompasso entre o que o contribuinte estabeleceu que faria no ato jurídico e aquilo que efetivamente fez em realidade.

Em passagem de sua obra monográfica sobre o parágrafo único do artigo 116 do CTN, o Professor Sacha Calmon dá mais detalhes sobre sua definição de **dissimulação**:

> "[...] Dissimulação, em direito tributário, equivale à prática ilícita do contribuinte que, para se evadir ao pagamento de tributo devido, utiliza-se de um negócio jurídico que implique menor ou nenhuma tributação para camuflar o negócio verdadeiramente praticado.
> [...]
> Exemplo de dissimulação é aquele no qual duas pessoas querem comprar uma fazenda de gado *vacum* no pantanal do Mato Grosso, lugar ideal para a atividade, e que a transação seja caríssima, sendo de 4% sobre o valor do negócio o imposto sobre a transmissão de bens imóveis. Ao invés de celebrarem um contrato de compra e venda de bem imóvel, resolvem fazer um contrato de sociedade, em que o dono da fazenda integraliza sua parte no capital com as terras (da fazenda, por suposto) e o 'comprador', com dinheiro vivo. Um mês depois operam o 'distrato' da sociedade e dão destinação aos bens. O sócio que entrou com o capital sai com as terras e o sócio que entrou com as terras sai com o dinheiro. Como é sabido, a colação de bens do capital de sociedades é imune, a teor da Constituição. Neste caso, a Fazenda Pública pode desqualificar o negócio, se provar a simulação."[204]

Este exemplo já nos permite antecipar nossa interpretação de que o Professor Sacha Calmon Navarro Coêlho, mesmo que tenha um discurso forte pró segurança, classifica-se entre os autores que chamamos **libertários moderados**. Sua teoria não se contenta com a legalidade da forma pela legalidade. Esta operação descrita em seu exemplo, que é um tipo de transação caracterizável como "casa e separa", provavelmente seria considerada legítima por um autor **libertário extremo**, mas é prontamente taxada de ilícita – simulada – pelo autor.

Apresentados esses comentários, ficam mais claros os três passos defendidos por Sacha Calmon para a separação de atos elisivos – lícitos – de atos evasivos – ilícitos. Segundo o autor o primeiro critério é temporal – a prática dos atos antes da ocorrência do fato gerador. O segundo critério é de licitude dos meios. Por fim, "o terceiro cri-

---

[204] COÊLHO, Sacha Calmon Navarro. *Evasão e Elisão Fiscal. O Parágrafo Único do Art. 116, CTN, e o Direito Comparado*. Rio de Janeiro: Forense, 2006. p. 58-59.

tério a ser levado em consideração, e que se mostra essencial a esta discussão, é o da inexistência de simulação, ou seja, o ato ou negócio jurídico que leve à ausência de tributação ou à sua redução, além de praticado antes da ocorrência do fato gerador, de forma lícita, **também deve corresponder a uma manifestação de vontade verdadeira, em que não haja divergência entre a** *intentio facti* **e a** *intentio juris*".[205] (Destaque nosso)

Perceba-se que este autor defende um conceito de simulação bastante abrangente. Se o contribuinte formaliza o ato jurídico "A", mas, de fato, pratica o ato jurídico "B", estaria caracterizada a simulação, e justificada a desconsideração do primeiro.

### 3.I. O PARÁGRAFO ÚNICO DO ARTIGO 116 DO CTN NA TEORIA DE SACHA CALMON

É interessante observarmos que, tendo em conta os conceitos apresentados na seção anterior, Sacha Calmon não terá dificuldades em reconhecer a validade e legitimidade do parágrafo único do artigo 116, embora, em sua visão, este dispositivo não tenha inovado a ordem jurídica preexistente. Vejam-se suas palavras:

> "Ocorreu que a Lei Complementar nº 104, de 10 de janeiro de 2001, adicionou um parágrafo ao art. 116, visando racionalizar os procedimentos administrativos que viessem a ser instaurados em razão de 'abuso de formas do Direito Privado', mediante simulações relativas (dissimulações). Esse parágrafo não cuida de uma regra específica de interpretação, mas de procedimentos a serem observados pelos agentes fiscais competentes (norma técnica segundo a nossa tipologia). Por essa precisa razão, agregou-se o dito parágrafo ao art. 116, eis que os fatos jurígeno-tributários montados sobre *negócios jurídicos* são obviamente os que se prestam a sofrer as dissimulações contratuais evasivas (simulações relativas).
> No particular, sob o ponto de vista material, o novel parágrafo não inovou a ordem jurídica, apenas explicitou o que já se sabia; ou seja, o étimo simulação comporta duas modalidades, a absoluta e a relativa. Esta última, contudo, é mais frequente. Quis o legislador realça-la, ao tempo em que delegou à lei a função de organizar os procedimentos de desconsideração dos atos e negócios dissimulados.
> Até este ponto, repetimos, nenhuma censura merece o legislador da Lei Complementar nº 104/2001, mesmo porque antes do parágrafo por ele

---

[205] COÊLHO, Sacha Calmon Navarro. Considerações Acerca do Planejamento Tributário no Brasil. In: MACHADO, Hugo de Brito (Coord.). *Planejamento Tributário*. São Paulo: Malheiros, 2016. p. 642-644.

adicionado à disciplina do art. 116, **tanto o CTN quanto a doutrina admitiam, com a maior tranquilidade, que as condutas dos sujeitos passivos das obrigações tributárias eivadas de dolo sonegatório, fraudes materiais e simulações (absolutas e relativas) constituíam atos ilícitos, passíveis de repressão administrativa** *ex officio*. O desastre se deu com a Medida Provisória nº 66, fazendo as vezes de lei ordinária requerida pelo parágrafo único do art. 116."[206] (Destaque nosso)

É interessante observar que, escrevendo em 2001, logo após a edição da Lei Complementar nº 104/2001, o autor declarou que o parágrafo único do artigo 116 do CTN seria inconstitucional. Em suas palavras, "nem mesmo a lei pode permitir ao Estado-Administração achar *fato gerador* por 'interpretação analógica'. O fato gerador deve estar exaustivamente previsto em lei (*tipicidade*). Assim também a equiparação de efeitos fiscais entre institutos e formas de Direito Privado".[207]

Nada obstante, não há uma contradição entre a posição inaugural e a manifestação posterior de Sacha Calmon.

De fato, o que se pode afirmar é que, naquela visão inicial, o Professor mineiro estava defendendo que, caso vista como uma regra que permitisse a aplicação analógica da legislação tributária, ela seria inconstitucional. Em sua manifestação posterior, esta abordagem foi descartada, aduzindo Sacha Calmon que o parágrafo único do artigo 116 seria uma regra de combate à simulação – absoluta ou relativa –, de modo que, nesta perspectiva, não haveria censura constitucional a este dispositivo.

Se entendido sob este prisma, este autor não considera que o parágrafo único do artigo 116 seja inconstitucional, também não reserva palavras elogiosas para os dispositivos da Medida Provisória nº 66/2002 que pretenderam regulamentá-lo. Ele vaticina que "a regulamentação do art. 116, parágrafo único, do CTN (Lei Complementar que é, *ratione materiae*), apresenta-se manifestamente inconstitucional, violentando estruturas e categorias fundamentais do Direito Constitucional Tributário. Usando as categorias da Teoria Geral da norma, cabe dizer que a MP reguladora está em desacordo com seus fundamentos de va-

---

**206** COÊLHO, Sacha Calmon Navarro. *Evasão e Elisão Fiscal. O Parágrafo Único do Art. 116, CTN, e o Direito Comparado*. Rio de Janeiro: Forense, 2006. p. 158-159.

**207** COÊLHO, Sacha Calmon Navarro. Os Limites Atuais do Planejamento Tributário. In: ROCHA, Valdir de Oliveira (Coord.). *O Planejamento Tributário e a Lei Complementar 104*. São Paulo: Dialética, 2001. p. 304.

lidez: a Constituição e a lei complementar".[208] Como os dispositivos da Medida Provisória nº 66/2003, nesta parte, foram rejeitados pelo Congresso Nacional, deixaremos de aprofundar as críticas a ela apresentadas pelo autor.

## 4. APLICAÇÃO CONCRETA DA TEORIA DO AUTOR

Em 2007, foi publicado o livro "Planejamento Tributário à Luz da Jurisprudência", organizado por Douglas Yamashita.[209] O mérito deste livro foi ter pedido aos autores que analisassem casos concretos, manifestando sua opinião. Mesmo que seja um livro já antigo, diante da estabilidade das posições do Professor Sacha Calmon sobre o tema do planejamento tributário, é possível utilizarmos suas análises nesta obra como referência, mesmo que relativa, da aplicação concreta de sua teoria.

Além das análises específicas apresentadas nesta obra, em seus escritos o autor também apresenta algumas considerações sobre casos concretos, que analisaremos a seguir.

### 4.1. O CASO DO SEGURO DOTAL

O "planejamento tributário" envolvendo o seguro dotal tinha base no artigo 11, § 2º, do Decreto nº 24.239/1947, segundo o qual não seriam considerados no rendimento bruto da pessoa física "os prêmios de seguro restituídos em qualquer caso, inclusive no de renúncia do contrato". A estrutura contratual foi descrita por Sampaio Dória nos seguintes termos:

> "Consistia **essa evasão** em celebrar a pessoa física um contrato de seguro, pagando o prêmio (geralmente com recursos provindos de empréstimos concedidos pela própria seguradora) e cancelando-se ato contínuo o ajuste, diminuído de pequena importância correspondente ao lucro da seguradora no negócio. Ao preencher subsequentemente sua declaração de renda, o indivíduo abatia de seus ganhos o valor do prêmio pago e não incluía positivamente o valor do prêmio restituído, pois excluía a lei, de expresso, do rol de rendimentos tributáveis, as restituições de prêmio de

---

**208** COÊLHO, Sacha Calmon Navarro. *Evasão e Elisão Fiscal. O Parágrafo Único do Art. 116, CTN, e o Direito Comparado*. Rio de Janeiro: Forense, 2006. p. 159.

**209** YAMASHITA, Douglas (Coord.). *Planejamento Tributário à Luz da Jurisprudência*. São Paulo: Lex, 2007.

seguro resultantes de renúncia ou cancelamento do contrato respectivo."[210]
(Destaque nosso)

O Supremo Tribunal Federal analisou essa transação em algumas oportunidades, considerando-a uma forma ilegítima de economia fiscal. Nesse sentido, podemos citar, por exemplo, a decisão no Recurso Extraordinário nº 40.518 (DJ de 26/08/61), cuja ementa transcrevemos a seguir:

> "Impôsto de renda. **Seguro de vida feito pelo contribuinte para furtar-se ao pagamento do tributo.** <u>Fraude à lei</u>. Além da primeira categoria de fraude à lei, consistente em violar regras imperativas por meio de engenhosas combinações cuja legalidade se apoia em outros textos, existe uma segunda categoria de **fraude no fato do astucioso que se abriga atrás da rigidez de um texto para fazê-lo produzir resultados contrários ao seu espírito**. O problema da fraude à lei é imanente a todo ordenamento jurídico, **que não pode ver, com indiferença, serem ilididas**, <u>pela malícia dos homens</u>, **as suas imposições e as suas proibições**. Executivo fiscal julgado procedente." (Destaques nossos)

Vimos que Sacha Calmon define a simulação relativa como a divergência entre a *intentio juris* e a *intentio facti*. Esta posição fica clara em sua análise deste caso. Segundo o autor, "julgou o STF de modo acertado, pois, em verdade, o contribuinte praticou um ato simulado, no qual havia divergência entre sua vontade juridicamente manifestada (contratação de seguro de vida) e o objetivo almejado (redução do IR a pagar, com resolução do contrato de seguro imediatamente após a apuração da base tributável do imposto de renda)".[211]

Assim como Sampaio Dória na passagem apresentada, concluiu o Professor mineiro que "o aresto em questão (RE nº 40.518/BA) tratou o tema de maneira correta. Apesar de ter utilizado a denominação 'fraude à lei', o STF interpretou-a – como não poderia deixar de ser – como verdadeira evasão fiscal, que pressupõe atos simulados e que deve ser

---

[210] DÓRIA, Antonio Roberto Sampaio. *Elisão e Evasão Fiscal*. 2 ed. São Paulo: José Bushatsky, 1977. p. 135-136.

[211] COÊLHO, Sacha Calmon Navarro. Fraude à Lei, Abuso de Direito e Abuso de Personalidade Jurídica em Direito Tributário – Denominações Distintas para o Instituto da Evasão Fiscal. In: YAMASHITA, Douglas (Coord.). *Planejamento Tributário: à Luz da Jurisprudência*. São Paulo: LEX Editora, 2007. p. 351.

reprimida por nossas cortes, como o fez com acerto o Pretório Excelso no caso que vimos".[212]

A posição de Sacha Calmon o diferencia, por exemplo, da manifestada por Ives Gandra da Silva Martins que, escrevendo em coautoria com José Ruben Marone no mesmo livro, sobre o mesmo caso, entendeu que aquela simulação seria, na verdade, hipótese de planejamento fiscal legítimo:

> "Pelas razões aduzidas, não é possível no ordenamento jurídico brasileiro a aplicação do instituto da fraude à lei tributária, por conter hipótese de ficção em que se ignora a situação jurídica eleita como impeditiva da incursão no fato gerador do tributo, nos termos do inciso II do artigo 116 do CTN. No caso, a situação do seguro não é situação de fato, é sim jurídica, razão pela qual ignorá-la para tributar afronta a legalidade e todos os princípios constitucionais correlatos.
> Na hipótese julgada, inocorreu a simulação cuja natureza é de ilicitude e acobertamento de fato gerador também inocorrido."[213]

Note-se que, para esses autores, se foi celebrado um contrato de seguro, de acordo com as regras que lhe são aplicáveis, o mesmo não poderia ser desconsiderado, mesmo que, diante dos fatos, ficasse evidente que o elemento típico de um contrato de seguro, que é a indenização na eventualidade de um sinistro, nunca se fez presente.

### 4.2. ATIVIDADES PERSONALÍSSIMAS DESEMPENHADAS POR PESSOA JURÍDICA

O segundo caso analisado pelo Professor mineiro foi uma autuação envolvendo o técnico de futebol Luiz Felipe Scolari, por meio da qual as autoridades fiscais desconsideraram a pessoa jurídica pela qual eram recebidos rendimentos do autuado. Veja-se, a seguir, a ementa do Acórdão nº 106-14.244 proferido pelo então Primeiro Conselho de Contribuintes em 2004:

> "IMPOSTO DE RENDA DAS PESSOAS FÍSICAS – São rendimentos da pessoa física para fins de tributação do Imposto de Renda aqueles provenientes

---

212 COÊLHO, Sacha Calmon Navarro. Fraude à Lei, Abuso de Direito e Abuso de Personalidade Jurídica em Direito Tributário – Denominações Distintas para o Instituto da Evasão Fiscal. In: YAMASHITA, Douglas (Coord.). *Planejamento Tributário: à Luz da Jurisprudência*. São Paulo: LEX Editora, 2007. p. 361.

213 MARTINS, Ives Gandra da Silva; MARONE, José Ruben. Elisão e Evasão Fiscal – Estudo de Casos. In: YAMASHITA, Douglas (Coord.). *Planejamento Tributário à Luz da Jurisprudência*. São Paulo: Lex, 2007. p. 160-161.

do trabalho assalariado, as remunerações por trabalho prestado no exercício de empregos, cargos, funções e quaisquer proventos ou vantagens percebidos, tais como salários, ordenados, vantagens, gratificações, honorários, entre outras denominações. IRPF – LANÇAMENTO DE OFÍCIO. DECADÊNCIA – Quando os rendimentos da pessoa física sujeitarem-se tão-somente ao regime de tributação na declaração de ajuste anual e independentemente de exame prévio da autoridade administrativa, por caracterizar-se lançamento por homologação, o prazo decadencial tem início em 31 de dezembro do ano-calendário, tendo o Fisco cinco anos, a partir dessa data, para realizar o lançamento de ofício. SIMULAÇÃO – Não se caracteriza simulação para fins tributários quando ficar incomprovada a acusação de conluio entre empregador, sociedade esportiva, e o empregado, técnico de futebol profissional, por meio de empresa já constituída com o fim de prestar serviços de treinamento de equipe profissional de futebol. MULTA QUALIFICADA DE OFÍCIO – Para que a multa de ofício qualificada no percentual de 150% possa ser aplicada é necessário que haja descrição e inconteste comprovação da ação ou omissão dolosa, na qual fique evidente o intuito de sonegação, fraude ou conluio, capitulado na forma dos artigos 71, 72 e 73 da Lei nº 4.502/64, respectivamente. APROVEITAMENTO DE CRÉDITOS – Devem ser aproveitados na apuração de crédito tributário os valores arrecadados sob o código de tributos exigidos da pessoa jurídica cuja receita foi desclassificada e convertida em rendimentos da pessoa física, base de cálculo de lançamento de ofício. Recurso provido parcialmente."

Forte no livre exercício de atividade econômica, Sacha Calmon sustenta que "seja como empregado, autônomo ou pessoa jurídica (sociedade simples ou empresária), o prestador de serviço intelectual pode, de forma absolutamente legítima e jurídica, levar a cabo a prestação de seus serviços. Não há qualquer abuso de direito a ser coibido caso o artista ou jornalista opte pela constituição de sociedade – ao contrário, tal opção lhe é facultada e assegurada pela lei e pela Constituição".[214]

Daí, concluiu o autor que "a decisão do Conselho de Contribuintes federal consubstanciada no Acórdão nº 106.14.244 é equivocada, posto que afronta a liberdade de contratar e não reconhece como lídimo

---

214 COÊLHO, Sacha Calmon Navarro. Fraude à Lei, Abuso de Direito e Abuso de Personalidade Jurídica em Direito Tributário – Denominações Distintas para o Instituto da Evasão Fiscal. In: YAMASHITA, Douglas (Coord.). *Planejamento Tributário: à Luz da Jurisprudência*. São Paulo: LEX Editora, 2007. p. 370.

um modelo societário que é plenamente válido à luz da legislação pátria, em especial tributária".[215]

### 4.3. INCORPORAÇÃO ÀS AVESSAS

Os últimos casos analisados por Sacha Calmon na obra de 2007 foram duas autuações de "incorporação às avessas".

Sustentando que o contribuinte não teria praticado um ato simulado, a decisão no Acórdão nº 401-01.857, proferido pela Câmara Superior de Recursos Fiscais em 1994, foi favorável a ele. Veja-se a ementa desta decisão:

> "IRPJ – SIMULAÇÃO NA INCORPORAÇÃO. Para que se possa materializar é indispensável que o ato praticado não pudesse ser realizado, fosse por vedação legal ou por qualquer outra razão. Se não existia impedimento para a realização da incorporação tal como realizada e o ato praticado não é de natureza diversa daquele que de fato aparenta, isto é, se de fato e de direito não ocorreu ato diverso da incorporação: não há como qualificar-se a operação de simulação. Os objetivos visados com a prática do ato não interferem na qualificação do ato praticado, portanto, se o ato praticado era lícito, as eventuais consequências contrárias ao fisco devem ser qualificadas como casos de elisão fiscais e não de evasão lícita."

Ao rever os fatos por trás desta decisão, Sacha Calmon concluiu que nesta situação "houve pura e simples incorporação às avessas, tendo como resultado final a adoção, pela incorporadora, da nomenclatura da incorporada. Aqui não há simulação. O objetivo era transformar duas empresas em uma. Optou-se pela incorporação às avessas, com posterior adoção do nome e objeto social da incorporada, posto que a operação inversa não traria benefícios fiscais".[216]

No segundo caso apresentado para análise dos autores do livro, a decisão havia sido contrária ao contribuinte, tendo considerado que a incorporação de empresa lucrativa por outra deficitária não geraria o

---

[215] COÊLHO, Sacha Calmon Navarro. Fraude à Lei, Abuso de Direito e Abuso de Personalidade Jurídica em Direito Tributário – Denominações Distintas para o Instituto da Evasão Fiscal. In: YAMASHITA, Douglas (Coord.). *Planejamento Tributário: à Luz da Jurisprudência*. São Paulo: LEX Editora, 2007. p. 371.

[216] COÊLHO, Sacha Calmon Navarro. Fraude à Lei, Abuso de Direito e Abuso de Personalidade Jurídica em Direito Tributário – Denominações Distintas para o Instituto da Evasão Fiscal. In: YAMASHITA, Douglas (Coord.). *Planejamento Tributário: à Luz da Jurisprudência*. São Paulo: LEX Editora, 2007. p. 376.

direito de compensação dos prejuízos fiscais da incorporadora. Veja-se a ementa da decisão no Acórdão nº 01-02.107, de 1996:

> "IRPJ – 'INCORPORAÇÃO ÀS AVESSAS' – MATÉRIA DE PROVA – COMPENSAÇÃO DE PREJUÍZOS FISCAIS – A definição legal do fato gerador é interpretada abstraindo-se da validade jurídica dos atos efetivamente praticados. Se a documentação acostada aos autos comprova de forma inequívoca que a declaração de vontade expressa nos atas de incorporação era enganosa para produzir efeito diverso do ostensivamente indicado, a autoridade fiscal não está jungida aos efeitos jurídicos que os atos produziriam, mas à verdadeira repercussão económica dos fatos subjacentes."

As considerações de Sacha Calmon sobre este caso reforçam nossa percepção de que o autor é um libertário moderado. Diante dos atos jurídicos praticados em sequência, com descasamento evidente entre o conteúdo jurídico e a realidade concreta, não hesitou o professor em concluir que, aqui, "uma série de cisões foi realizada para que, posteriormente, as empresas cindidas deficitárias incorporassem as superavitárias. Não houve incorporação pura e simples, mas sim criação artificial de empresas para que, posteriormente, incorporassem ou fossem incorporadas. Nessa hipótese, está-se diante de simulação, é dizer, consecução de um negócio jurídico não desejado (cisão, com criação de novas empresas que nunca existiram na regular prática empresarial) para praticar-se outro (incorporação às avessas) que possibilitasse a obtenção de economia fiscal".[217]

Mais uma vez nota-se a distância entre a posição adotada por Sacha Calmon e aquela defendida por Ives Gandra da Silva Martins em seu texto em coautoria com José Ruben Marone. Ao reverem este mesmo caso, esses autores sustentaram o seguinte:

> "Fica evidente desse entendimento a percepção da simulação para a hipótese seria com a incorporação da teoria da interpretação econômica ou até mesmo do abuso de forma, desconsiderando-se que a situação incorrida propositadamente para a elisão fiscal seria ilícita.
> Tal ilicitude, entretanto, inocorre, pelo contrário, conforme as razões aduzidas é legítimo o uso das estruturas jurídicas para se evitar o fato gerador

---

[217] COÊLHO, Sacha Calmon Navarro. Fraude à Lei, Abuso de Direito e Abuso de Personalidade Jurídica em Direito Tributário – Denominações Distintas para o Instituto da Evasão Fiscal. In: YAMASHITA, Douglas (Coord.). *Planejamento Tributário: à Luz da Jurisprudência*. São Paulo: LEX Editora, 2007. p. 376.

de imposto, sendo a simulação ato que esconde fato gerador, no caso, inexistente pelo uso de incorporações."[218]

A diferença entre esta abordagem – essencialmente formalista – e aquela adotada pelo autor cuja obra agora revisamos é evidente. Enquanto Ives Gandra vai se satisfazer com a mera legalidade formal dos meios, Sacha Calmon vai além, demandando congruência entre tais meios e a realidade dos atos praticados pelo contribuinte.

### 4.4. RELAÇÃO ENTRE CONTROLADOR E CONTROLADA

Este é um caso descrito pelo Professor Sacha Calmon em sua obra monográfica sobre o parágrafo único do artigo 116 do CTN. Veja-se a descrição dos fatos envolvidos:

> "MINERAÇÃO E CONSTRUÇÃO S/A ideou sobre a operação de prestação de serviços contratada com Equipamentos Ltda., empresa do mesmo grupo. Indaga-se relativamente às consequências tributárias no âmbito do imposto sobre a renda e proventos de qualquer natureza e da contribuição social sobre o lucro.
> Esclareça-se que as empresas, embora com idêntica composição societária, possuem estabelecimentos e clientes distintos. A Mineração e Construção S/A explora atividade de construção pesada (terraplanagem) e tributa seus resultados segundo as regras do lucro real. A Equipamentos Ltda., por sua vez, tem por objeto social a prestação de serviços de locação de equipamentos para construção pesada, e optou por tributar seus resultados pelo regime do lucro presumido e distribui, a título de lucro, setenta e cinco por cento do seu faturamento.
> Não obstante a diversidade de seus clientes, cerca de 65% (sessenta e cinco por cento) do faturamento da Equipamentos Ltda. decorre dos serviços que presta à primeira. Informa, por fim, que a locação dos serviços é efetuada a preços de mercado, utilizando-se inclusive de tomada de preço para a contratação dos serviços."[219]

Coerente com as posições que descrevemos antes, o Professor sustenta que "o procedimento da Consulente é absolutamente correto, legal e consentâneo com as leis e regulamentos fiscais, ausentes quaisquer formas de simulação absoluta ou dissimulação. Vê-se, apenas, a inventiva da Consulente e seu apego à boa administração de seus negócios. Com efeito, não incidindo em nenhuma proibição legal, o

---

[218] MARTINS, Ives Gandra da Silva; MARONE, José Ruben. Elisão e Evasão Fiscal – Estudo de Casos. In: YAMASHITA, Douglas (Coord.). *Planejamento Tributário à Luz da Jurisprudência*. São Paulo: Lex, 2007. p. 166.

[219] COÊLHO, Sacha Calmon Navarro. *Evasão e Elisão Fiscal. O Parágrafo Único do Art. 116, CTN, e o Direito Comparado*. Rio de Janeiro: Forense, 2006. p. 95-96.

seu agir é juridicamente permitido. A economia de imposto é simples decorrência da boa administração. A consulente não está obrigada a adotar o comportamento tributário mais oneroso, pelo contrário."[220]

## 5. SACHA CALMON: UM LIBERTÁRIO MODERADO

Após esses comentários, podemos reiterar a afirmação que já apresentamos anteriormente, de que a teoria de Sacha Calmon Navarro Coêlho sobre os limites do planejamento tributário legítimo é uma **teoria libertária moderada**.

Os pontos de partida da teoria do Professor mineiro estão todos calcados no princípio da segurança jurídica, especialmente no princípio/regra da legalidade tributária. Com isso, Sacha Calmon manifesta uma preocupação e uma rejeição veemente da possibilidade de cobrança de tributos sobre fatos que não estejam previstos de forma clara e taxativa em lei. Coerente com esta posição, o autor reconhece um direito fundamental ao planejamento tributário e à economia de impostos, desde que baseada em atos lícitos.

Sacha Calmon utiliza em seus textos uma linguagem forte de oposição à imposição de restrições à liberdade do contribuinte de atuar para economizar tributos, o que ele vê como parte integrante de uma boa gestão empresarial. Entretanto, como acontece em todos os casos, o que importa mais é o conceito de simulação adotado pelo autor e sua aplicação a casos concretos.

Vimos que o Professor mineiro adota um conceito abrangente de simulação e que não hesita em taxar de simuladas – ilegais – situações em que haja disparidade entre o que chama *intentio facti e intentio juris*, entre o ato praticado e o formalizado juridicamente. Logo, não nos parece que estejamos diante de uma teoria libertária extremada, que se contente com a legalidade formal do ato ou negócio jurídico praticado.

## 6. CONCLUSÃO

Venho sustentando a hipótese de que as posições de libertários moderados e solidaristas moderados são muito mais próximas do que se pode presumir. Isso se consideramos a posição diante de casos concretos, não suas premissas axiológicas e principiológicas.

---

[220] COÊLHO, Sacha Calmon Navarro. *Evasão e Elisão Fiscal. O Parágrafo Único do Art. 116, CTN, e o Direito Comparado*. Rio de Janeiro: Forense, 2006. p. 114.

A visão de Sacha Calmon sobre os limites do planejamento tributário legítimo é de defesa inconteste da liberdade, mas de uma liberdade não simulada, ou seja, da liberdade de opção do contribuinte, não para distorcer a realidade mediante a adoção de formas jurídicas sem correspondência com os atos realmente praticados, mas, sim, para efetivamente realizar atos ou negócios jurídicos que resultem na menor tributação, desde que congruentes com a realidade fática e com o seu perfil objetivo. Por essa razão, seguindo a classificação que propusemos na introdução deste artigo, entendemos a posição do autor como libertária moderada.

## REFERÊNCIAS BIBLIOGRÁFICAS

COÊLHO, Sacha Calmon Navarro. Os Limites Atuais do Planejamento Tributário. In: ROCHA, Valdir de Oliveira (Coord.). *O Planejamento Tributário e a Lei Complementar 104*. São Paulo: Dialética, 2001.

COÊLHO, Sacha Calmon Navarro. O Princípio da Legalidade. O Objeto da Tutela. In: PIRES, Adilson Rodrigues; TÔRRES, Heleno Taveira (Orgs.). *Princípios de Direito Financeiro e Tributário: Estudos em Homenagem ao Professor Ricardo Lobo Torres*. Rio de Janeiro: Renovar, 2005.

COÊLHO, Sacha Calmon Navarro. *Evasão e Elisão Fiscal. O Parágrafo Único do Art. 116, CTN, e o Direito Comparado*. Rio de Janeiro: Forense, 2006.

COÊLHO, Sacha Calmon Navarro. Fraude à Lei, Abuso de Direito e Abuso de Personalidade Jurídica em Direito Tributário – Denominações Distintas para o Instituto da Evasão Fiscal. In: YAMASHITA, Douglas (Coord.). *Planejamento Tributário: à Luz da Jurisprudência*. São Paulo: LEX Editora, 2007.

COÊLHO, Sacha Calmon Navarro. Considerações Acerca do Planejamento Tributário no Brasil. In: MACHADO, Hugo de Brito (Coord.). *Planejamento Tributário*. São Paulo: Malheiros, 2016.

COÊLHO, Sacha Calmon Navarro. *Comentários à Constituição de 1988*. 10 ed. Rio de Janeiro: Forense, 2006.

COÊLHO, Sacha Calmon Navarro. *Curso de Direito Tributário*. 8 ed. Rio de Janeiro: Forense, 2005.

DÓRIA, Antonio Roberto Sampaio. *Elisão e Evasão Fiscal*. 2 ed. São Paulo: José Bushatsky, 1977.

MARTINS, Ives Gandra da Silva; MARONE, José Ruben. Elisão e Evasão Fiscal – Estudo de Casos. In: YAMASHITA, Douglas (Coord.). *Planejamento Tributário à Luz da Jurisprudência*. São Paulo: Lex, 2007.

ROCHA, Sergio André. *Fundamentos do Direito Tributário Brasileiro*. Belo Horizonte: Editora Letramento, 2020.

YAMASHITA, Douglas (Coord.). *Planejamento Tributário à Luz da Jurisprudência*. São Paulo: Lex, 2007.

# VI.
# ALGUNS COMENTÁRIOS SOBRE AS TEORIAS DESSES AUTORES

**sumário** 1. Aspectos Éticos da Elisão. 2. Princípios Tributários. 3. Teorias Binárias: Lícito/Ilícito. 4. Limites à Economia Tributária Legítima. 5. O Parágrafo Único do Artigo 116 do CTN. 6. Aplicação Concreta das Teorias. 7. Conclusão. Referências Bibliográficas.

Considerando nossos comentários nas seções anteriores, vale a pena apresentarmos algumas considerações a respeito das teorias dos professores Antônio Roberto Sampaio Dória, Hugo de Brito Machado, Misabel Abreu Machado Derzi e Sacha Calmon Navarro Coêlho. Nosso propósito aqui é mostrar as aproximações e distanciamentos entre suas posições. Para facilitar a exposição, seguirei a mesma ordem utilizada nos capítulos.

## I. ASPECTOS ÉTICOS DA ELISÃO

Em relação a este aspecto, nota-se um alinhamento bem claro entre os autores cujas construções teóricas analisamos. Com efeito, os quatro Professores rejeitam, sem espaço para dúvidas, a existência de um dever moral de não economizar tributos, apresentando o planejamento tributário lícito, que seria um direito do contribuinte, como um dever do bom administrador.

Nesse sentido, as quatro teorias podem ser caracterizadas como formais/legalistas.

Note-se que essa afirmação em nada reduz o valor da contribuição desses autores. Nesta quadra, muitas vezes se fala em legalismo, como se aplicar a lei ou pautar seu comportamento com base no que ela dispõe fosse de algum modo insuficiente. Obviamente que não se pode concordar com esse tipo de crítica, de modo que não há nada de errado em se afirmar que o que se espera do contribuinte é que cumpra a lei.

Por outro lado, há que se reconhecer que legalismo ou respeito à lei não se confunde com o mero uso de uma forma legal, independentemente de haver congruência entre esta e os atos efetivamente praticados pelo contribuinte. Como vimos e ressaltaremos a seguir, nada nas teorias de Antônio Roberto Sampaio Dória, Hugo de Brito Machado, Misabel Abreu Machado Derzi e Sacha Calmon Navarro Coêlho indica satisfação com o mero manejo de uma forma legal como suficiente para a legitimidade da economia de tributos.

Ademais, afirmar que a lei deve ser observada também não diz nada sobre a norma que se pode extrair de um texto normativo. Afinal, é inevitável que este tenha que ser interpretado e, por mais que se busque fechamento, clareza e determinação nos textos normativos, tais fechamento, clareza e determinação jamais serão plenos.[221]

## 2. PRINCÍPIOS TRIBUTÁRIOS

Um aspecto que, igualmente, une os Professores é, de um lado, a relevância atribuída ao princípio da legalidade – apresentado juntamente com o princípio da especificação conceitual – ou tipicidade, ou legalidade material – Hugo de Brito Machado, Misabel Abreu Machado Derzi e Sacha Calmon Navarro Coêlho – e, de outro, a rejeição à possibilidade de se estabelecerem deveres dos contribuintes a partir dos princípios da isonomia e da capacidade contributiva.

Talvez um ponto um pouco dissonante, neste tema, seja a obra do Professor Sampaio Dória.

De fato, por mais que este autor igualmente sustente a relevância da legalidade como definidora dos limites da liberdade, o faz de forma muito menos enfática que os demais. De outra parte, a visão do Professor da USP sobre o conteúdo deste princípio parece igualmente distinta da que encontramos nos demais.

Vimos que este autor rejeitava o que chamava de analogia por extensão, mas aceitava o que denominava **analogia por compreensão**, a qual não nos parece que seria aceita por Hugo de Brito Machado, Misabel Abreu Machado Derzi e Sacha Calmon Navarro Coêlho como compatível com o princípio da legalidade.

Ademais, para Sampaio Dória, "quando se trata de analogia por compreensão, em que a semelhança é essencial, não me parece que haja criação de direito. Noutros termos, a hipótese, que é essencialmente igual à prevista na lei, como que virtualmente se contém na lei. Apenas

---

[221] Como observa Misabel Derzi, mesmo a tendência de fechamento conceitual não nega "a existência de uma zona cinzenta ou da chamada zona de penumbra de Carrió no direito tributário, tampouco asseverando a ausência de conceitos indeterminados ou carentes de especial valoração" (DERZI, Misabel Abreu Machado. *Direito Tributário, Direito Penal e Tipo*. 4 ed. Belo Horizonte: Editora Fórum, 2021. p. 304). Ver, também: ROCHA, Sergio André. *Da Lei à Decisão: A Segurança Jurídica Possível na Pós-Modernidade*. Rio de Janeiro: Lumen Juris, 2017. p. 30-37).

a tarefa do intérprete é, diante de uma deficiência de expressão vocabular do legislador, revelar a verdadeira intenção legislativa."[222]

Lembremos que Sampaio Dória, em sua obra sobre planejamento tributário, não trabalha com uma categoria semelhante ao dito princípio da tipicidade.

Como o Professor da USP escreveu décadas antes dos demais – principalmente se considerarmos trabalhos específicos sobre planejamento tributário – sua abordagem pode refletir não apenas uma diferença de opinião, mas também uma diferença no contexto jurídico no qual se travava o debate sobre este tema.

### 3. TEORIAS BINÁRIAS: LÍCITO/ILÍCITO

Outro aspecto que une as quatro teorias apresentadas anteriormente é que elas podem ser vistas como **binárias**, no sentido de que defendem uma visão dicotômica que separa a economia fiscal lícita da ilícita, a elisão da evasão fiscal.

Esta abordagem tem um risco inerente. Ao se recursar a possibilidade da desconsideração de atos privados pelas autoridades fiscais exclusivamente para fins tributários, reconhece-se que toda vez que o contribuinte pratica um ato considerado simulado ele está cometendo um ilícito. Consequentemente, abre-se, neste caso, a porta para a caracterização de crime contra a ordem tributária, para a aplicação de multas qualificadas, para a responsabilização pessoal de sócios e administradores que tenham atuado na prática do ato, etc.

Talvez esse risco não fosse grave, houvesse critérios mais claros para a separação dos atos simulados daqueles que não o são. Contudo, há um risco real, inerente à posição binária, de que situações de inoponibilidade de certos atos ao Fisco sejam caracterizadas como práticas de atos ilícitos.

### 4. LIMITES À ECONOMIA TRIBUTÁRIA LEGÍTIMA

Uma característica comum às teorias que analisamos neste estudo é que nenhuma delas resume a legalidade de atos praticados pelo contri-

---

[222] DÓRIA, Antonio Roberto Sampaio. Da Analogia em Matéria Tributária. In: DÓRIA, Antonio Roberto Sampaio; ROTHMANN, Gerd Willi. *Temas Fundamentais do Direito Tributário Atual*. Belém: CEJUP, 1983. p. 18.

buinte com a finalidade de economizar tributos à mera compatibilidade daqueles com as formas previstas pelo Direito Privado. Assim, não é porque foi celebrado um contrato de seguro, de acordo com todos os requisitos formais previstos na legislação cível, que de fato existirá um contrato de seguro. Identificada uma divergência objetiva – nunca subjetiva – entre o ato formalizado e a realidade fática, estaria presente a simulação, ato ilícito que poderia ser desconsiderado pelas autoridades fiscais.

À exceção de Hugo de Brito Machado, os demais autores só aceitam a simulação como patologia que pode resultar na desconsideração do ato praticado pelo contribuinte. O referido autor trabalha com a possibilidade de se utilizar a fraude à lei e mesmo o abuso de direito ao lado da simulação. De todo modo, mesmo nesses casos o Professor cearense sustenta, como vimos, que apenas atos ilícitos podem ser desconsiderados pelo Fisco.

Nada obstante, procede a ressalva do próprio Hugo de Brito Machado, quando, tratando do "abuso de direito", afirma que "no plano da teoria não é difícil saber o que significa a expressão 'abuso de direito'. Entretanto, é difícil saber, diante de uma situação concreta, se ele está, ou não, configurado. Em outras palavras: é fácil o estudo das questões, em tese; difícil é o enquadramento de cada caso concreto".[223]

O mesmo se pode dizer da simulação.

De fato, Sampaio Dória afirma que na simulação, "há em geral incompatibilidade entre a forma e o conteúdo, de sorte que o *nomen juris* pretende moldar e identificar uma realidade factual cujas características essenciais discrepam radicalmente daquelas que devem ser próprias do negócio ou categoria legal que foi empregada",[224] posição que Misabel Derzi incorporou aos seus textos.[225] Hugo de Brito Machado

---

[223] MACHADO, Hugo de Brito. *Introdução ao Planejamento Tributário*. 2 ed. São Paulo: Malheiros, 2019. p. 61.

[224] DÓRIA, Antonio Roberto Sampaio. *Elisão e Evasão Fiscal*. 2 ed. São Paulo: José Bushatsky, 1977. p. 66-67.

[225] DERZI, Misabel Abreu Machado. O Direito à Economia de Imposto – Seus Limites (Estudo de Casos). In: YAMASHITA, Douglas (Coord.). *Planejamento Tributário à Luz da Jurisprudência*. São Paulo: LEX, 2007. p. 295-296; DERZI, Misabel Abreu Machado. [Notas de Atualização]. In: BALEEIRO, Aliomar. *Direito Tributário Brasileiro*. 12 ed. Rio de Janeiro: Forense, 2013. p. 1.100; DERZI, Misabel Abreu Machado; LOBATO, Valter. Planejamento Tributário, a ADI 2.446 e a

argumenta que a simulação é "a ação de fingir a prática de um ato ou negócio jurídico com a finalidade de prejudicar terceiros, especialmente credores, inclusive o fisco, fazendo com que pareça existir uma situação que na verdade não existe – merecendo especial destaque a afirmação que se vê na doutrina de que a simulação não se confunde com a fraude".[226] Por fim, Sacha Calmon destaca que a licitude dos atos praticados pelo contribuinte depende da inexistência de simulação, de modo que "o ato ou negócio jurídico que leve à ausência de tributação ou à sua redução, além de praticado antes da ocorrência do fato gerador, de forma lícita, também deve corresponder a uma manifestação de vontade verdadeira, em que não haja divergência entre a *intentio facti* e a *intentio juris*".[227]

Vemos que, em todos esses autores, uma discordância objetiva entre o ato praticado e o formalizado, entre a forma jurídica e a realidade, pode resultar na caracterização de uma simulação.

Contudo, em linha com a advertência de Hugo de Brito Machado, por mais que o critério para a identificação da simulação esteja claro na obra desses Professores, isso não faz que seja mais fácil sua aplicação a casos concretos. Inevitavelmente, haverá "casos fáceis" e "casos difíceis", situações em que estaremos diante de uma evidente discordância entre forma e realidade, e outras em que tal divergência pode estar presente para uns, e ausente para outros.

Logo, mesmo com a adoção da teoria desses quatro Professores, haverá sempre alguma margem de insegurança, que somente poderá ser superada pela decisão reiterada de casos pelos órgãos de aplicação, com o consequente estabelecimento de critérios concretos para a identificação da simulação em determinadas situações concretas.

Porém, uma coisa é certa: todas as quatro teorias rejeitam com veemência – e de forma completamente acertada, podemos acrescentar,

---

Constitucionalidade da Norma Geral Antievasiva no Sistema Tributário Nacional. In: BRIGAGÃO, Gustavo; MATA, Juselder Cordeiro da (Orgs.). *Temas de Direito Tributário em Homenagem a Gilberto de Ulhôa Canto*. Belo Horizonte: Arraes, 2020. p. 467-468.

**226** MACHADO, Hugo de Brito. *Introdução ao Planejamento Tributário*. 2 ed. São Paulo: Malheiros, 2019. p. 66.

**227** COÊLHO, Sacha Calmon Navarro. Considerações Acerca do Planejamento Tributário no Brasil. In: MACHADO, Hugo de Brito (Coord.). *Planejamento Tributário*. São Paulo: Malheiros, 2016. p. 642-644.

– que se levem em consideração, para definir se o ato praticado pelo contribuinte é ou não economia fiscal lícita, suas intenções e motivações. O querer pagar menos tributo é ubíquo tanto na evasão quanto na elisão fiscal, não sendo, assim, critério relevante para separar uma situação da outra. Logo, é no campo da divergência objetiva entre o ato praticado e a realidade que deve ser identificada a simulação, não no campo das intenções subjetivas do contribuinte.

Pensemos uma situação em que uma empresa brasileira constitui uma *trading* no exterior com a finalidade de ter um tratamento fiscal mais vantajoso. É só isso que ela quer neste caso hipotético: pagar menos tributos? Algum problema até aqui? Nenhum.

O que faz uma *trading*? Ela intermedeia operações de importação e exportação, podendo atuar na implementação das mesmas e definição de regimes aduaneiros, fazer a gestão documental das operações, a classificação fiscal, os contratos, a gestão de embarques, liberação das mercadorias, etc. A *trading* pode contratar o transporte e outros serviços necessários à implementação das operações. Ou seja, uma *trading* pode desempenhar uma grande gama de atividades.

Voltemos, então, ao nosso exemplo. Imagine-se que a empresa brasileira constitui uma *trading* no exterior. Todos os atos jurídicos lícitos e praticados de acordo com a legislação privada, no Brasil e no país da *trading*. Isso seria suficiente para que tivéssemos uma economia lícita de tributos de acordo com as teorias estudadas? Cremos não ser possível responder a esta pergunta sem rever os fatos do caso concreto.

Se a entidade no exterior efetivamente realiza todas as atividades de *trading*, certamente sim. Estamos diante de um legítimo planejamento tributário. Valendo-se do disposto na legislação, o contribuinte estruturou licitamente – e verdadeiramente – seus negócios de forma a pagar menos tributos.

Agora, pensemos um momento na situação em que a *trading* exista apenas em forma jurídica. Todas as atividades são realizadas pela empresa brasileira. Todos os contatos com os clientes, toda a atividade de importação e exportação, toda a parte documental, toda a parte aduaneira, etc. Ora, neste caso o que se verifica é a simulação da existência de uma *trading* que, de fato, não existe. Ocorre, aqui, uma economia tributária ilícita, simulada.

Note-se que a ocorrência de simulação em um caso como esses não se presume, ela tem que ser demonstrada e provada pelas autoridades fiscais em bases fáticas. Logo, a mera afirmação de que haveria uma vantagem tributária na estrutura é insuficiente. Estamos diante de uma questão de fato e não de direito.

É claro que este é um "caso fácil". A questão começa a ficar complexa quando a *trading* exerce algumas atividades e não outras. A partir de que momento pode-se dizer que a entidade no exterior exerce um mínimo de atividades típicas de sua função para que possa ser considerada uma *trading*? É muito difícil estabelecer critérios aprioristicos que resolvam todos os casos concretos. Como dissemos anteriormente, em uma situação assim, a solução deverá ser encontrada caso a caso, e mesmo as teorias libertárias moderadas não darão uma segurança absoluta na mera previsão normativa. Somente o libertarismo extremo, que se contenta com a licitude da forma, sem levar em conta a realidade concreta, conseguiria dar respostas *a priori* a todos os casos, mas, consequentemente, acaba por conviver com a liberdade para simular.

## 5. O PARÁGRAFO ÚNICO DO ARTIGO 116 DO CTN

Também sobre o parágrafo único do artigo 116 do CTN, vimos bastante uniformidade nas teorias de Hugo de Brito Machado, Misabel Derzi e Sacha Calmon. Vê-se, claramente, que esses autores rechaçam com veemência a possibilidade de a aplicação deste dispositivo resultar na cobrança de tributo que não esteja explicitamente previsto em lei, resumindo-o a uma regra adicional sobre a possibilidade de desconsideração de atos simulados – aplicável à simulação relativa.

Neste particular, nenhum dos autores apresenta grande objeção ao parágrafo único do artigo 116 do CTN em si. Sua preocupação é com a possibilidade de que este dispositivo abra as portas do mundo tributário para a tributação por analogia e para a incidência fora dos marcos legais.

## 6. APLICAÇÃO CONCRETA DAS TEORIAS

Tendo em conta os comentários da seção anterior, já fica clara a relevância da revisão atenta das considerações dos autores sobre casos concretos. Ela demonstra, como mencionamos, que nenhum deles se satisfaz com a mera licitude da forma; exigem mais e demandam que a forma lícita reflita atos efetivamente realizados, sob pena de haver simulação.

Podemos pegar como exemplo o caso da "incorporação às avessas" objeto do Acórdão nº 01-02.107, proferido pela Câmara Superior de Recursos Fiscais. Hugo de Brito Machado,[228] Misabel Derzi[229] e Sacha Calmon[230] foram categóricos ao caracterizar os atos praticados pelo contribuinte como ilícitos, mesmo que as formas utilizadas tivessem sido lícitas. Isso quer dizer que esses autores rechaçam as "incorporações às avessas". Ora, **é óbvio que não!** Quer dizer apenas que, naquele caso, considerando aquele conjunto fático, se interpretou que teria havido um ilícito cometido pelo contribuinte, caracterizado como fraude à lei por Hugo de Brito Machado, e como simulação por Misabel Derzi e Sacha Calmon. Diga-se de passagem, a mesma conclusão a que chegaram Marciano Seabra de Godoi[231] e Ricardo Lobo Torres.[232]

É uma pena que tenhamos uma amostragem tão pequena de análise de casos por autores em geral. É somente com este tipo de abordagem que conseguimos, realmente, descobrir o que pensam sobre a caracterização concreta da simulação.

## 7. CONCLUSÃO

Tendo em conta esses comentários, podemos reiterar o que estabelecemos anteriormente. Ao revermos as construções teóricas de Antônio Roberto Sampaio Dória, Hugo de Brito Machado, Misabel Abreu

---

228 MACHADO, Hugo de Brito. Elisão e Evasão de Tributos. In: YAMASHITA, Douglas (Coord.). *Planejamento Tributário: à Luz da Jurisprudência*. São Paulo: LEX Editora, 2007. p. 127-128.

229 DERZI, Misabel Abreu Machado. O Direito à Economia de Imposto – Seus Limites (Estudo de Casos). In: YAMASHITA, Douglas (Coord.). *Planejamento Tributário à Luz da Jurisprudência*. São Paulo: LEX, 2007. p. 317.

230 COÊLHO, Sacha Calmon Navarro. Fraude à Lei, Abuso de Direito e Abuso de Personalidade Jurídica em Direito Tributário – Denominações Distintas para o Instituto da Evasão Fiscal. In: YAMASHITA, Douglas (Coord.). *Planejamento Tributário: à Luz da Jurisprudência*. São Paulo: LEX Editora, 2007. p. 376.

231 GÓDOI, Marciano Seabra de. Uma Proposta de Compreensão e Controle dos Limites da Elisão Fiscal no Direito Brasileiro: Estudo de Casos. In: YAMASHITA, Douglas (Coord.). *Planejamento Tributário: à Luz da Jurisprudência*. São Paulo: LEX Editora, 2007. p. 279.

232 TORRES, Ricardo Lobo. Elisão Abusiva e Simulação na Jurisprudência do Supremo Tribunal Federal e do Conselho dos Contribuintes. In: YAMASHITA, Douglas (Coord.). *Planejamento Tributário: à Luz da Jurisprudência*. São Paulo: LEX Editora, 2007. p. 343-344.

Machado Derzi e Sacha Calmon Navarro Coêlho, deparamo-nos com posições ancoradas na liberdade de economia tributária, na proteção da segurança jurídica e da legalidade fiscal e na caracterização da capacidade contribuitiva como um princípio de defesa de contribuinte contra o Estado. Contudo, não vamos encontrar nessas teorias um salvo conduto para a utilização da forma jurídica pela forma jurídica. São teorias formal-realistas que vão buscar na congruência entre os atos formalizados e os praticados o limite da licitude da economia de tributos, desconsiderando as intenções e vontades subjetivas, que somente quem praticou o ato pode plenamente conhecer e compreender.

## REFERÊNCIAS BIBLIOGRÁFICAS

COÊLHO, Sacha Calmon Navarro. Considerações Acerca do Planejamento Tributário no Brasil. In: MACHADO, Hugo de Brito (Coord.). *Planejamento Tributário*. São Paulo: Malheiros, 2016.

COÊLHO, Sacha Calmon Navarro. Fraude à Lei, Abuso de Direito e Abuso de Personalidade Jurídica em Direito Tributário – Denominações Distintas para o Instituto da Evasão Fiscal. In: YAMASHITA, Douglas (Coord.). *Planejamento Tributário: à Luz da Jurisprudência*. São Paulo: LEX Editora, 2007.

DERZI, Misabel Abreu Machado. *Direito Tributário, Direito Penal e Tipo*. 4 ed. Belo Horizonte: Editora Fórum, 2021.

DERZI, Misabel Abreu Machado. [Notas de Atualização]. In: BALEEIRO, Aliomar. *Direito Tributário Brasileiro*. 12 ed. Rio de Janeiro: Forense, 2013.

DERZI, Misabel Abreu Machado. O Direito à Economia de Imposto – Seus Limites (Estudo de Casos). In: YAMASHITA, Douglas (Coord.). *Planejamento Tributário à Luz da Jurisprudência*. São Paulo: LEX, 2007.

DERZI, Misabel Abreu Machado; LOBATO, Valter. Planejamento Tributário, a ADI 2.446 e a Constitucionalidade da Norma Geral Antievasiva no Sistema Tributário Nacional. In: BRIGAGÃO, Gustavo; MATA, Juselder Cordeiro da (Orgs.). *Temas de Direito Tributário em Homenagem a Gilberto de Ulhôa Canto*. Belo Horizonte: Arraes, 2020.

DÓRIA, Antonio Roberto Sampaio. *Elisão e Evasão Fiscal*. 2 ed. São Paulo: José Bushatsky, 1977.

DÓRIA, Antonio Roberto Sampaio. Da Analogia em Matéria Tributária. In: DÓRIA, Antonio Roberto Sampaio; ROTHMANN, Gerd Willi. *Temas Fundamentais do Direito Tributário Atual*. Belém: CEJUP, 1983.

GODOI, Marciano Seabra de. Uma Proposta de Compreensão e Controle dos Limites da Elisão Fiscal no Direito Brasileiro: Estudo de Casos. In: YAMASHITA, Douglas (Coord.). *Planejamento Tributário: à Luz da Jurisprudência*. São Paulo: LEX Editora, 2007.

MACHADO, Hugo de Brito. *Introdução ao Planejamento Tributário*. 2 ed. São Paulo: Malheiros, 2019.

MACHADO, Hugo de Brito. Elisão e Evasão de Tributos. In: YAMASHITA, Douglas (Coord.). *Planejamento Tributário: à Luz da Jurisprudência*. São Paulo: LEX Editora, 2007.

ROCHA, Sergio André. *Da Lei à Decisão: A Segurança Jurídica Possível na Pós-Modernidade*. Rio de Janeiro: Lumen Juris, 2017.

TORRES, Ricardo Lobo. Elisão Abusiva e Simulação na Jurisprudência do Supremo Tribunal Federal e do Conselho dos Contribuintes. In: YAMASHITA, Douglas (Coord.). *Planejamento Tributário: à Luz da Jurisprudência*. São Paulo: LEX Editora, 2007.

# VII.

# AS RECENTES MANIFESTAÇÕES DO SUPREMO TRIBUNAL FEDERAL SOBRE OS LIMITES DO PLANEJAMENTO TRIBUTÁRIO

**sumário** 1. Introdução. 2. O Julgamento da ADC 66. 2.1. O Voto da Ministra Cármen Lúcia. 2.2. Os Votos dos Ministros Marco Aurélio e Rosa Weber. 2.3. Conclusão deste Tópico. 3. O Julgamento da ADI 2.446. 3.1. O Voto da Ministra Cármen Lúcia. 3.1.1. O Direito à Economia de Tributos. 3.1.2. A Exigência de Ilicitude. 3.1.3. Como Interpretar o Voto da Ministra Cármen Lúcia? 3.1.4. Não há Violação do Princípio da Legalidade nem da Separação dos Poderes. 3.2. O Voto do Ministro Ricardo Lewandowski. 3.3. O Voto do Ministro Dias Toffoli. 3.4. Crítica. 3.5. Efeitos Concretos. 3.6. Alinhamento com os Autores Estudados. 3.7. Alinhamento com Nossas Posições Anteriores. 3.8. Os Riscos da Posição do STF. Referências Bibliográficas.

## I. INTRODUÇÃO

Os limites do planejamento tributário não é um tema novo no Brasil. Entretanto, é inegável que as últimas duas décadas trouxeram um aumento sem precedentes do estudo da matéria no país. Não há dúvidas de que dois eventos foram os principais responsáveis pela mudança de relevância da matéria: primeiramente, a edição da Lei Complementar nº 104/2001, que acrescentou o parágrafo único ao artigo 116 do CTN, e depois a publicação da Medida Provisória nº 66/2002, que pretendia regulamentar aquele dispositivo.

A entrada em vigor da Lei Complementar nº 104/2001 deu origem a um novo ciclo de debates sobre planejamento tributário e, durante esses pouco mais de vinte anos notou-se uma grande ausência do Poder Judiciário.[233]

Não foi por falta de provocação. Já em 2001 foi ajuizada a ADI 2.446, apresentada pela Confederação Nacional do Comércio de Bens, Serviços e Turismo – CNC. Contudo, duas décadas não foram suficientes para que o STF decidisse esta ação.

No vácuo deixado pela falta de definição do Poder Judiciário, o debate doutrinário avançou, assim como o avançaram primeiro as autoridades fiscais, notadamente na esfera federal, e, consequentemen-

---

[233] Como já pontuei, no campo do planejamento tributário "à omissão do Poder Legislativo soma-se a **omissão do Poder Judiciário, notadamente do Supremo Tribunal Federal**. Com efeito, logo após a edição da Lei Complementar nº 104 foi ajuizada a Ação Direta de Inconstitucionalidade nº 2.446, que questionou sua constitucionalidade. Vamos caminhando firmemente para completar duas décadas sem que nem mesmo um voto tenha sido proferido nesta ação. Com isso, **o STF omitiu-se no debate sobre os limites do planejamento tributário**.

Veja-se que não havia expectativa de que a Suprema Corte analisasse casos concretos sobre planejamento tributário. Longe disso. Contudo, o STF poderia – e deveria – ter pautado as bases axiológicas desse debate" (ROCHA, Sergio André. *Planejamento Tributário na Obra de Marco Aurélio Greco*. Rio de Janeiro: Lumen Juris, 2019. p. 14).

te, as decisões administrativas, primeiro no âmbito dos Conselhos de Contribuintes e, posteriormente, no do Conselho Administrativo de Recursos Fiscais (CARF).

No meio tempo, e antes que se ultimasse o julgamento da ADI 2.446, se iniciou (2019) e encerrou (2020), em tempo recorde, a ADC 66, ajuizada pela Confederação Nacional da Comunicação Social – CNCOM, cujo objeto era o reconhecimento da constitucionalidade do artigo 129 da Lei nº 11.196/2005.

Com isso, após um atraso considerável, a Suprema Corte começou a dar indicações sobre seu posicionamento a respeito dos limites de atuação do contribuinte com a finalidade de economizar tributos.

Em um artigo escrito em 2011, destacamos como essa demora do STF em analisar este tema contribuía para a insegurança jurídica,[234] ainda mais considerando que, diante do hiato decisório, o mundo seguiu girando, as autoridades fiscais lavrando autuações fiscais e os tribunais administrativos decidindo.

Nas seções seguintes analisarei as decisões proferidas na ADC 66 e na ADI 2.446. A inclusão deste capítulo no presente livro não foi aleatória. Afinal, como veremos, é possível identificar um alinhamento entre a posição que vai prevalecendo nas manifestações dos Ministros do STF nesses casos e a linha doutrinária dos autores que comentamos anteriormente.

## 2. O JULGAMENTO DA ADC 66

A ADC 66 buscava a declaração da constitucionalidade do artigo 129 da Lei nº 11.196/2005, cuja redação é a seguinte:

> "Art. 129. Para fins fiscais e previdenciários, a prestação de serviços intelectuais, inclusive os de natureza científica, artística ou cultural, em caráter personalíssimo ou não, com ou sem a designação de quaisquer obrigações a sócios ou empregados da sociedade prestadora de serviços, quando por esta realizada, se sujeita tão-somente à legislação aplicável às pessoas jurídicas, sem prejuízo da observância do disposto no art. 50 da Lei nº 10.406, de 10 de janeiro de 2002 - Código Civil."

---

[234] ROCHA, Sergio André. O Protagonismo do STF na Interpretação da Constituição pode afetar a Segurança Jurídica em Matéria Tributária? In: ROCHA, Valdir de Oliveira (Coord.). *Grandes Questões de Direito Tributário: 15º Volume*. São Paulo: Dialética, 2011. p. 415-430.

Sabe-se que este dispositivo foi uma resposta às autuações fiscais e reclamações trabalhistas que questionavam a possibilidade de prestação de serviços personalíssimos por meio de pessoa jurídica. Logo, ele não só induziu como declarou a legitimidade deste tipo de estrutura, rotineiramente utilizada para fins de economia tributária e otimização dos custos laborais.

Em 19 de dezembro de 2020 foi finalizado o julgamento virtual da ADC 66, cuja relatoria coube à Ministra Cármen Lúcia. A decisão foi favorável à constitucionalidade deste artigo 129, vencidos os Ministros Marco Aurélio e Rosa Weber. O Ministro Luís Roberto Barroso alegou suspeição e não votou.

### 2.1. O VOTO DA MINISTRA CÁRMEN LÚCIA

A ministra Cármen Lúcia foi responsável pelo voto vencedor neste caso. Logo no início de sua manifestação ela pautou o valor fundamental que guiaria a sua posição: a liberdade do empresário. Em textual:

> "10. A norma do art. 129 da Lei n. 11.196/2005 harmoniza-se com as diretrizes constitucionais, especialmente com o inc. IV do art. 1º da Constituição da República, pelo qual estabeleceu a liberdade de iniciativa situando-a como fundamento da República Federativa do Brasil. Dessa liberdade econômica emanam a garantia de livre exercício de qualquer trabalho, ofício ou profissão e o livre exercício de qualquer atividade econômica, consagrados respectivamente no inc. XIII do art. 5º e no parágrafo único do art. 170 da Constituição da República.
> 11. A valorização do trabalho humano e a livre iniciativa conjugam-se para fundamentar a ordem econômica e dirigem-se a atingir os objetivos fundamentais descritos no art. 3º da Constituição da República, pelo que são elementos indissociáveis para a compreensão e o desate da presente controvérsia jurídica."

É interessante observar que, embora estivéssemos diante de um caso típico de planejamento tributário induzido pela lei, este julgamento não foi pautado por debates sobre este tema. De fato, o pano de fundo deste julgamento não foi tributário, foi trabalhista, contrapondo-se os valores sociais do trabalho com a livre iniciativa. Nas palavras da relatora:

> "A complementariedade entre os valores sociais do trabalho e a livre iniciativa é tema recorrente nos julgamentos deste Supremo Tribunal, que, atento ao sistema constitucional e às transformações das relações de trabalho, não tem se esquivado do exame aprofundado do tema. A ênfase dada a esses vetores constitucionais pode ser exemplificada no julgamento do

Recurso Extraordinário n. 958.252 (Tema 725 da repercussão geral) e da Arguição de Descumprimento de Preceito Fundamental n. 324."

Em nenhum momento nesta decisão cuidou-se do planejamento tributário e seus limites. A questão estava pautada pela dicotomia entre liberdade de organização e os valores sociais do trabalho. Como pontuou a Ministra Cármen Lúcia, sob a "perspectiva de densificação da liberdade de organização da atividade econômica empresarial, dotando-a da flexibilidade e da adequação atualmente exigidas, e da necessária compatibilização com os valores sociais do trabalho, há de se concluir que a norma objeto desta ação não apresenta vício de inconstitucionalidade. Compatibiliza-se a norma com a normatividade constitucional que abriga a liberdade de iniciativa como fundamento da República".

Nada obstante, o fato de não ter tido foco específico no controle do planejamento tributário não reduz a relevância deste precedente. Afinal, neste caso ponderou-se a liberdade com o valor social do trabalho, pendendo a balança para a primeira.

De outro lado, é interessante que em nenhum momento afirmou-se uma liberdade absoluta, de fundo formal, de maneira que também por este lado é possível identificar uma proximidade entre a posição do STF neste julgamento e as posições doutrinárias estudadas neste livro. Citando uma vez mais a Ministra relatora:

> "14. Tanto não induz, entretanto, a que a opção pela contratação de pessoa jurídica para a prestação de serviços intelectuais descrita no art. 129 da Lei n. 11.196/2005 não se sujeite à avaliação de legalidade e regularidade pela Administração ou pelo Poder Judiciário quando acionado, por inexistirem no ordenamento constitucional garantias ou direitos absolutos. [...]
> 15. Eventual conduta de maquiagem de contrato – como ocorre em qualquer caso – não possa ser objeto de questionamento judicial. Entretanto, a regra jurídica válida do modelo de estabelecimento de vínculo jurídico estabelecido entre prestador e tomador de serviços deve pautar-se pela mínima interferência na liberdade econômica constitucionalmente assegurada e revestir-se de grau de certeza para assegurar o equilíbrio nas relações econômicas e empresariais."

Ao analisarmos esta passagem devemos começar reiterando o que dissemos acima: não se está cuidando, aqui, de uma análise tributária. O foco é essencialmente trabalhista. De toda maneira, já se ressalva que a liberdade não convive com a "maquiagem", sujeitando-se a opção pela contratação de pessoa jurídica para a prestação de serviços intelectuais a uma "avaliação de legalidade e regularidade". Ou seja, reconhece-se uma liberdade contratual não simulada.

## 2.2. OS VOTOS DOS MINISTROS MARCO AURÉLIO E ROSA WEBER

Os Ministros Marco Aurélio e Rosa Weber ficaram vencidos na ADC 66, tendo negado provimento ao pedido de declaração de constitucionalidade do art. 129 da Lei nº 11.196/2005. A revisão desses votos reforça os comentários anteriores: não se trata de questões tributárias, mas sim, trabalhistas.

Este aspecto fica claríssimo nos seguintes trechos do voto do Ministro Marco Aurélio:

> "Desse sistema extrai-se o princípio implícito, de hierarquia maior, de proteção ao trabalhador, alicerce do estatuto jurídico-constitucional trabalhista a vincular a atuação dos três Poderes e servir de vetor interpretativo visando a solução de controvérsias levadas à apreciação do Judiciário especializado. Eis a baliza hermenêutica a ser observada pelo intérprete, revelando-se a óptica a partir da qual deve ser compreendida a formalização de pessoa jurídica objetivando a prestação de serviços.
> O Direito não deve fechar os olhos à realidade do mercado de trabalho do início do século XXI, altamente especializado e em constante mutação. Sob o signo da globalização, não somente o Brasil mas a quase totalidade das nações tidas como subdesenvolvidas experimentaram, na década de 1990, importante influxo de ideário neoliberal, traduzido, em maior ou menor grau, em crescente pressão pela desregulamentação no ramo das atividades trabalhistas.
> Longe de ignorar-se a necessidade de a norma impugnada ser interpretada de acordo com a quadra vivida, considerado o mundo
> globalizado, marcado por altíssima especialização na divisão do trabalho, o estudo da evolução histórica do tratamento conferido aos trabalhadores no Brasil, isto é, o desdobrar da fórmula no tempo e no espaço, não deixa margem a dúvidas.
> [...]
> A quadra é verdadeiramente ímpar, levando em conta, de um lado, a realidade do atual mercado de trabalho e, de outro, o objetivo maior de justiça social. Na busca da excelência na prestação jurisdicional, o magistrado, encarnando a figura do Estado-juiz, deve ter a atuação norteada pelos princípios gerais do Direito e, mais especificamente, do Direito do Trabalho, considerada a história da legislação protetiva, sob pena de subverter-se aquilo que é o fundamento e a razão de ser da Justiça trabalhista."

Na mesmíssima linha foi a manifestação da Ministra Rosa Weber:

"Entendo que o cerne da questão constitucional ora submetida à tutela objetiva se situa na constitucionalidade da predeterminação da natureza da relação jurídica da prestação de serviços pelo texto da norma impugnada, de forma desvinculada dos elementos da realidade social, dos dados reais do caso concreto e, a partir dessa formatação apriorística, estabelecer a regência normativa para fins fiscais e previdenciários.

O preceito questionado revela o embotamento do legislador ao complexo entrelaçamento entre trabalho e poder econômico na realidade da organização do trabalho no mundo contemporâneo. A pretensão reducionista de classificar a priori o vínculo jurídico mantido entre o tomador e o prestador dos serviços intelectuais, aí incluídos os de natureza científica, artística ou cultural, em caráter personalíssimo ou não, peremptoriamente negada qualquer possibilidade de subsunção dos fatos à norma, implica verdadeiro menoscabo dos direitos fundamentais do trabalhador previstos no art. 7º da Constituição Federal, com nítida chancela de fraude à legislação trabalhista, no que manifestamente nega ao trabalhador questionar no Poder Judiciário, órgão constitucionalmente competente, a definição da real configuração do vínculo jurídico em que se deu a prestação dos serviços em ofensa aos arts. 5º, XXXV, 114, I, da Constituição Federal.

De fato, na contemporânea dinâmica socioeconômica de crescente concorrência sobre os mercados e aceleração do progresso tecnológico com o recrudescimento do nível de exigência de qualificação dos trabalhadores, não se pode negar a pluralidade de modos de produção e organização empresariais com profundos reflexos nos modelos de relações de trabalho. Consagrada na Constituição a equivalência e inter-relação entre os valores sociais do trabalho e da livre iniciativa (art. 1º, IV, da CF), a denotar que, sob pena de uma fragilização absoluta da condição dos trabalhadores, a livre iniciativa deverá ser exercida, com criatividade e eficiência, respeitados os limites da legislação estatal heterônoma em matéria de Direito do Trabalho."

## 2.3. CONCLUSÃO DESTE TÓPICO

Diante dos comentários acima, podemos concluir que a manifestação do STF na ADC 66 pautou-se pela defesa da liberdade empresarial, da livre iniciativa e da liberdade de contratar. Contudo, a contraposição foi feita não com o dever de pagar tributos, mas sim com os valores sociais do trabalho. A liberdade, aqui, foi estabelecida para que empregador e empregado pudessem negociar os termos de sua relação.

Nada obstante, é uma obviedade que, se a liberdade, neste caso, prevalece mesmo sobre os direitos trabalhistas do indivíduo, sendo a estrutura contratual soberana, não caberia ao Fisco pretender desconsiderá-la.

Agora, como o próprio voto da Ministra Cármen Lúcia ressalva, esta interpretação se aplica a situações reais e não a "maquiagens", não havendo direito absoluto. Consequentemente, em todo caso, seja para fins trabalhistas, seja para fins tributários, não se protege, sob o manto da livre iniciativa, o "direito à simulação", de fingir que uma relação de emprego é, de fato, a contratação de uma pessoa jurídica sob o regime da prestação de serviços.

## 3. O JULGAMENTO DA ADI 2.446

Ao contrário da ADC 66, a ADI 2.446 trata, especificamente, do tema do planejamento tributário e seus limites. Mais uma vez, a relatora foi a Ministra Cármen Lúcia.

Como já ressaltamos, esta ADI foi ajuizada em 2001. Uma leitura da petição inicial da CNC mostra que ela reflete o estágio do debate sobre planejamento tributário naquela época. Contudo, conforme veremos, o pior é que os votos proferidos pela Ministra Cármen Lúcia, pelo Ministro Ricardo Lewandowski e pelo Ministro Dias Toffoli parecem igualmente parados no início dos anos 2000, e não refletem a sofisticação que o debate sobre os limites do planejamento tributário alcançou em duas décadas. Este julgamento foi finalizado no dia 09 de abril de 2022, com o Tribunal declarando a constitucionalidade do parágrafo único do artigo 116 do CTN, nos termos do voto da Ministra relatora. Eis a ementa do acórdão da ADI 2.446:

> "AÇÃO DIRETA DE INCONSTITUCIONALIDADE. LEI COMPLEMENTAR N. 104/2001. INCLUSÃO DO PARÁGRAFO ÚNICO AO ART. 116 DO CÓDIGO TRIBUTÁRIO NACIONAL: NORMA GERAL ANTIELISIVA. ALEGAÇÕES DE OFENSA AOS PRINCÍPIOS DA LEGALIDADE, DA LEGALIDADE ESTRITA EM DIREITO TRIBUTÁRIO E DA SEPARAÇÃO DOS PODERES NÃO CONFIGURADAS. AÇÃO DIRETA JULGADA IMPROCEDENTE."

Vale a pena apontarmos o quão sucinta é a ementa do caso. Nela restou registrado, basicamente, que o parágrafo único do artigo 116 do CTN é constitucional e que não se verificou violação aos princípios da legalidade e da separação de poderes.

Outra questão que vale a pena observarmos é que, embora a Ministra Cármen Lúcia, em seu voto, critique a referência ao aludido dispositivo como sendo uma norma geral "antielisiva", sustentando que o mesmo traria uma regra antievasiva, a ementa do acórdão da ADI 2.446

fez menção ao parágrafo único do artigo 116 como sendo uma "norma geral antielisiva".

Embora a posição vencedora tenha sido pela **improcedência** da ação direta de inconstitucionalidade, é relevante e reveladora a análise dos fundamentos pelos quais se entendeu que não haveria inconstitucionalidade no parágrafo único do artigo 116 do CTN, que passamos a examinar.

### 3.1. O VOTO DA MINISTRA CÁRMEN LÚCIA

#### 3.1.1. O DIREITO À ECONOMIA DE TRIBUTOS

Assim como se passou no voto proferido pela Ministra Cármen Lúcia na ADC 66, neste caso sua manifestação defendeu a liberdade do contribuinte de organizar seus negócios, mesmo que tendo por objetivo a economia de tributos.

Com efeito, ao examinar o parágrafo único do artigo 116 do CTN, argumentou a Ministra que "não se comprova também, como pretende a autora, retirar incentivo ou estabelecer proibição ao planejamento tributário das pessoas físicas ou jurídicas. A norma não proíbe o contribuinte de buscar, pelas vias legítimas e comportamentos coerentes com a ordem jurídica, economia fiscal, realizando suas atividades de forma menos onerosa, e, assim, deixando de pagar tributos quando não configurado fato gerador cuja ocorrência tenha sido licitamente evitada".

Neste parágrafo, a Ministra Cármen Lúcia reafirmou o direito ao planejamento tributário e à economia de tributos. Contudo, firmou que esta depende da utilização das **"vias legítimas"**, de **"comportamentos coerentes com a ordem jurídica"**, evitando-se o pagamento de tributos de forma lícita.

É de se observar que a Ministra não deu qualquer indicação sobre o que seriam "vias legítimas", "comportamentos coerentes com a ordem jurídica" ou a fronteira entre licitude e ilicitude no campo do planejamento tributário, de modo que, da perspectiva concreta, ficam em aberto algumas das questões fundamentais sobre os limites do planejamento tributário, como pontuamos no capítulo anterior.

### 3.1.2. A EXIGÊNCIA DE ILICITUDE

O voto proferido pela Ministra Cármen Lúcia na ADI 2.446 é extremamente sucinto. Temas sobre os quais a doutrina controverte em páginas e mais páginas foram reduzidos a poucos parágrafos. Foi o que se passou, por exemplo, com a questão da exigência de ilicitude para a desconsideração de atos praticados pelos contribuintes.

Com efeito, esta questão só apareceu nos últimos parágrafos do voto da relatora, em que se registrou o seguinte:

> "9. De se anotar que elisão fiscal difere da evasão fiscal. Enquanto na primeira há diminuição lícita dos valores tributários devidos pois o contribuinte evita relação jurídica que faria nascer obrigação tributária, na segunda, o contribuinte atua de forma a ocultar fato gerador materializado para omitir-se ao pagamento da obrigação tributária devida.
> A despeito dos alegados motivos que resultaram na inclusão do parágrafo único ao art. 116 do CTN, a denominação 'norma antielisão' é de ser tida como inapropriada, cuidando o dispositivo de questão de norma de combate à evasão fiscal."

Vê-se que a Ministra Cármen Lúcia se filiou à corrente que estabelece que somente será possível desconsiderar atos praticados pelos contribuintes caracterizados como ilegais. Logo, dentro da fundamentação por ela apresentada não haveria espaço para a existência de atos legais, porém ilegítimos apenas em relação ao Fisco.

Este trecho do voto, contudo, gera uma contradição difícil de ser superada.

De fato, fica claro que para a Ministra o parágrafo único do artigo 116 veicula regra de competência para a desconsideração de certos atos ilegais (atos dissimulados) praticados pelo contribuinte. Por outro lado, logo no início de seu voto, a Ministra Cármen Lúcia estabeleceu posição no sentido de que este dispositivo tem eficácia dependente de regulamentação por lei ordinária. Em suas palavras, "a plena eficácia da norma depende de lei ordinária para estabelecer procedimentos a serem seguidos".

Ora, se (i) o parágrafo único do artigo 116 trata da desconsideração de **atos ilegais** praticados pelos contribuintes; e (ii) este dispositivo depende de regulamentação, uma das conclusões possíveis é no sentido de que hoje haveria restrições até mesmo ao controle de atos ilícitos pelas autoridades fiscais.

### 3.1.3. COMO INTERPRETAR O VOTO DA MINISTRA CÁRMEN LÚCIA?

Tendo em conta as considerações apresentadas na seção anterior, surge a questão: como interpretar a manifestação da Ministra Cármen Lúcia? Parece-nos que a resposta está na distinção entre simulação absoluta e simulação relativa.

De fato, se assumirmos que o parágrafo único do artigo 116 do CTN se refere a hipóteses de simulação relativa, em razão da utilização da palavra "dissimulação", podemos estabelecer a seguinte distinção: os casos de simulação absoluta – nos quais nenhum ato é praticado – estariam sob a regência do artigo 149, VII, do CTN, podendo ser desconsiderados pelas autoridades fiscais com base neste dispositivo. De outra parte, as situações de simulação relativa, onde se identifica um ato ostensivo que dissimula outro que as partes efetivamente intencionavam praticar, estariam dentro do escopo do parágrafo único do artigo 116, só podendo ser desconsideradas após a sua regulamentação.

Por esta perspectiva, o parágrafo único do artigo 116 do CTN teria aumentado a proteção do contribuinte no que se refere ao controle da simulação relativa, de modo que o seu controle teria que observar o procedimento a ser definido por lei ordinária, não sendo possível até que esta venha a ser editada.

Esta posição vai tornar ainda mais relevante o aspecto que, como ressaltamos antes, é o mais deficiente na doutrina: a definição de critérios claros para a identificação de casos de simulação e a separação entre simulações absolutas e dissimulações.

Pensemos, por exemplo, no caso hipotético da *trading*, que descrevemos no item 4 do capítulo anterior. Imaginemos, agora, a situação extrema ali mencionada, em que se cria uma entidade no exterior sem que esta realize qualquer atividade efetiva de *trading*, que acaba sendo desempenhada integralmente no Brasil. O que teríamos neste caso, uma simulação absoluta ou uma dissimulação?

Seria possível argumentar que se trataria de uma simulação absoluta, já que se está diante de uma pessoa jurídica que não existe e não tem atuação empresarial para além da forma de seus atos constitutivos. Entretanto, seria também possível alegar que se estaria diante de uma dissimulação, já que a venda pela *trading* dissimularia a venda que estaria, de fato, sendo realizada pela entidade brasileira para o cliente final. A primeira posição nos parece mais acertada.

De todo modo, no contexto da interpretação da Ministra Cármen Lúcia, será mais importante do que nunca a identificação dos traços característicos da simulação.

### 3.I.4. NÃO HÁ VIOLAÇÃO DO PRINCÍPIO DA LEGALIDADE NEM DA SEPARAÇÃO DOS PODERES

Considerando o recorte que apresentamos, já se vê que, segundo a visão da Ministra Cármen Lúcia sobre o alcance do parágrafo único do artigo 116 do CTN, não haveria razão para se considerar que ele violaria o princípio da legalidade, nem que se estaria outorgando ao Fisco poderes que adentrariam competências exclusivas do Poder Legislativo. Como observou a relatora:

> "O fato gerador ao qual se refere o parágrafo único do art. 116 do Código Tributário Nacional, incluído pela Lei Complementar n. 104/2001, é, dessa forma, aquele previsto em lei.
> Faz-se necessária, assim, a configuração de fato gerador que, por óbvio, além de estar devidamente previsto em lei, já tenha efetivamente se materializado, fazendo surgir a obrigação tributária.
> Assim, a desconsideração autorizada pelo dispositivo está limitada aos atos ou negócios jurídicos praticados com intenção de dissimulação ou ocultação desse fato gerador.
> [...]
> O art. 108 do Código Tributário Nacional não foi alterado pela Lei Complementar n. 104/2001, não estando autorizado o agente fiscal a valer-se de analogia para definir fato gerador e, tornando-se legislador, aplicar tributo sem previsão legal."

Reitere-se que, segundo a posição da Ministra Cármen Lúcia, não há violação aos referidos princípios porque o escopo do parágrafo único do artigo 116 está vinculado ao controle de atos ilegais de dissimulação do efetivo fato gerador ocorrido. O seu voto não dá indicação de qual seria sua interpretação caso a visão do que estabelece o parágrafo único em questão fosse distinta, no sentido de que ele veicula verdadeira norma antielusiva.

É muito interessante observar que não só a relatora rejeitou, em seu voto, que o parágrafo único do artigo 116 violaria o princípio da legalidade, como ela afirmou que este dispositivo o realizaria. Em suas palavras, "a norma impugnada visa conferir máxima efetividade não apenas ao princípio da legalidade tributária mas também ao princípio da lealdade tributária".

Assim, para Cármen Lúcia o parágrafo único do artigo 116 do CTN conferiria **máxima efetividade** ao princípio da legalidade. Mas não é só isso. Neste trecho passa quase despercebida a referência ao **princípio da lealdade tributária**.

Não há nenhuma explicitação clara no voto de qual seria o conteúdo do princípio da lealdade tributária segundo a visão da Ministra Cármen Lúcia. Contudo, considerando o voto como um todo, é possível inferir que ele estaria relacionado à adoção de "**vias legítimas**" ou "**comportamentos coerentes com a ordem jurídica**" para a economia lícita de tributos.

### 3.2. O VOTO DO MINISTRO RICARDO LEWANDOWSKI

Em outubro de 2021 foi retomado o julgamento da ADI 2.446, com o voto do Ministro Ricardo Lewandowski, o qual divergiu do voto da Ministra Carmen Lúcia para declarar a inconstitucionalidade do parágrafo único do artigo 116 do CTN.

Se temos divergências pontuais com o voto da relatora, podemos afirmar que em relação ao voto de Ricardo Lewandowski nossas divergências são mais acentuadas.

Assim como o voto da Ministra Cármen Lúcia, o voto do Ministro Ricardo Lewandowski foi bastante suscinto. Ambos têm um mesmo ponto de partida, ao reconhecerem a liberdade de planejamento tributário, como se infere da seguinte passagem:

> "Como se vê, o parágrafo único do art. 116 do Código Tributário Nacional, quando prescreve que o agente administrativo poderá desconsiderar atos e negócios jurídicos que visem dissimular a ocorrência do fato gerador, busca, na realidade, coibir a simulação da conduta que avilta a licitude do fato ocorrido e não a regular prática de planejamento tributário. Ou seja, caberá à autoridade administrativa 'investigar a presença de vícios capazes de macular a existência do negócio jurídico (simulação e dissimulação) ou a sua validade, em fraude à lei, abuso de forma ou abuso de direito.'
> Digo isso porque o objetivo do legislador não foi impossibilitar o planejamento tributário, prática comum nas atividades empresariais, com a finalidade de buscar o caminho menos oneroso de tributos para os contribuintes, mas permitir que a autoridade administrativa desconstitua atos e negócios jurídicos nos quais forem usados **artifícios juridicamente ilegítimos para burlar a ordem tributária**, evadindo-se o contribuinte da ocorrência de fato gerador que deveria constituir a obrigação tributária. Inibe-se condutas ilícitas caracterizadas como sonegação fiscal."

Vê-se que, assim como no voto da relatora, a manifestação do Ministro situa o parágrafo único do artigo 116 no controle de atos ilícitos praticados pelo contribuinte. Por outro lado, enquanto a Ministra Cármen Lúcia fez menção a **"vias legítimas"** e **"comportamentos coerentes com a ordem jurídica"**, o Ministro Ricardo Lewandowski se referiu a **"atos juridicamente ilegítimos para burlar a ordem tributária"**.

Mais uma vez não há clareza sobre o que seriam "atos juridicamente ilegítimos para burlar a ordem tributária".

Consequentemente, não viu o Ministro qualquer contrariedade entre este dispositivo e o princípio da legalidade, uma vez que não se cuidaria, na espécie, de autorização para tributação além do expressamente autorizado em lei. Vejam-se suas palavras:

> "Na espécie, a desconsideração de atos e negócios jurídicos pelo agente administrativo, constante do art. 116, parágrafo único, do CTN, ao reprimir a prática da fraude ao sistema de tributação, não poderia contrariar o princípio da legalidade, uma vez que a norma não conferiu poderes ao agente público para tributar sem prévia cominação legal.
> Nesse ponto, portanto, não teria qualquer reparo a fazer a respeito do voto da Ministra relatora, haja vista que, de fato, a Lei Complementar 104/2001, na parte em que acrescenta o parágrafo único ao art. 116 do Código Tributário Nacional, não cria para o agente fiscal poder de tributar fato gerador inexistente, mas tão somente possibilita constituir obrigação tributária nos casos de dissimulação acobertada por atos e negócios jurídicos. Portanto, descabe cogitar ofensa ao princípio constitucional da legalidade tributária."

Até aqui, o voto do Ministro Ricardo Lewandowski alinhou-se completamente ao da Ministra Cármen Lúcia. A divergência apenas apareceu na parte final do voto, quando o Ministro sustentou que o parágrafo único do artigo 116 do CTN seria inconstitucional por outorgar competência às autoridades fiscais para desconsiderar atos simulados **sem prévia decisão judicial**. Assim, segundo o Ministro Ricardo Lewandowski a desconsideração de atos praticados pelos contribuintes dependeria, sempre, de manifestação judicial prévia. Em textual:

> "Por outro lado, deve ser questionado se, quando editada a lei ordinária a que faz referência o dispositivo aqui questionado, poderá a autoridade administrativa, *sponte propria*, desconsiderar atos ou negócios jurídicos simulados.
> Desta feita, pedindo as mais respeitosas vênias à Eminente Relatora, assim como àqueles que já a acompanharam, compreendo que a providência não caberia a qualquer autoridade administrativa, já que apenas ao Judiciário

competiria declarar a nulidade de ato ou negócio jurídico alegadamente simulados.
Essa é, precisamente, a meu ver, a interpretação que decorre do parágrafo único do art. 168 do Código Civil, segundo o qual as nulidades previstas no art. 167 daquele diploma legal 'devem ser pronunciadas pelo juiz, quando conhecer do negócio jurídico ou dos seus efeitos e as encontrar provadas, não lhe sendo permitido supri-las, ainda que a requerimento das partes'."

Com a devida vênia, e respeito pela manifestação no Ministro Ricardo Lewandowski, ela nos parece ter equívocos insuperáveis, podendo ter consequências graves que talvez não tenham sido antecipadas.

Em primeiro lugar, declara-se a inconstitucionalidade de um dispositivo do Código Tributário Nacional em função de uma suposta incompatibilidade entre este – o parágrafo único do artigo 116 – e o disposto nos artigos 167 e 168 do Código Civil. É verdade que posteriormente, o Ministro menciona, genericamente, que estaria havendo uma violação ao princípio da reserva da jurisdição, sem indicar qualquer dispositivo constitucional que estaria sendo violado – além desses artigos do Código Civil.

A alegação genérica apresentada foi no sentido de que o direito fundamental à propriedade somente poderia sofrer restrições mediante decisões judiciais prévias. Levada ao extremo esta posição, a própria cobrança de tributos deveria ser precedida da manifestação de um juiz.

Além de não haver base constitucional para esta posição, ela seria um desenho institucional terrível, ao transferir ao Poder Judiciário o controle prévio de atos ilegais – lembre-se que estamos cogitando apenas de atos ilegais – praticados pelos contribuintes.

A posição adotada pelo Ministro Ricardo Lewandowski é basicamente um salvo conduto para a evasão tributária. Nesse particular, ela diverge muito daquela da Ministra Carmen Lúcia. Afinal, o voto da relatora demanda a atuação do Poder Legislativo na definição dos procedimentos para a desconsideração de um certo grupo de atos ilegais – atos dissimulados –, mas não impede sua desconsideração pelas autoridades fiscais – assim que seja editada a regulamentação do parágrafo único do artigo 116. A seu turno, o voto do Ministro Ricardo Lewandowski, ao exigir manifestação judicial prévia – não prevista explicitamente, seja na Constituição Federal, seja no Código Tributário Nacional –, basicamente estabelece uma zona livre para a evasão tributária. A prevalência dessa posição seria um retrocesso, a instauração de um estado de coisas que não se via nem mesmo antes da edição da Lei Complementar nº 104/2001.

## 3.3. O VOTO DO MINISTRO DIAS TOFFOLI

Já em abril de 2022, o julgamento da ADI 2.446 foi retomado com o voto do Ministro Dias Toffoli, que acompanhou a Ministra Carmen Lúcia. Ao contrário dos demais Ministros que a acompanharam, Dias Toffoli apresentou voto escrito.

Assim como a Ministra relatora, o Ministro Dias Toffoli situou o parágrafo único do artigo 116 do CTN no campo do controle de condutas ilícitas. Em suas palavras, "o art. 116, parágrafo único, do Código Tributário Nacional não busca impedir, ainda que por vias transversas, o planejamento tributário lícito, mas sim inibir condutas ilícitas". Partindo desta premissa Toffoli negou que, neste caso, haveria violação ao princípio da legalidade ou à separação de poderes.

É interessante observar que, ao fundamentar sua posição pela inexistência de violação ao princípio da legalidade, o Ministro Dias Toffoli recorreu à doutrina de Marco Aurélio Greco. Nada obstante, seu ponto de partida – de que o parágrafo único do artigo 116 do CTN cuida do controle de atos ilícitos – não guarda conexão com a teoria deste autor.[235]

Assim como a Ministra Cármen Lúcia, o Ministro Dias Toffoli defendeu a necessidade de regulamentação do procedimento de desconsideração de atos privados com base neste dispositivo, argumentando que "a lei ordinária deve disciplinar com a devida cautela os procedimentos a serem observados na desconsideração de atos ou negócios jurídicos praticados com a finalidade de dissimular a ocorrência do fato gerador do tributo ou a natureza dos elementos constitutivos da obrigação tributária. Ademais, deve a autoridade fiscal atuar diligentemente no caso concreto".

A novidade deste voto ficou por conta da afirmação no sentido de que não haveria uma reserva de jurisdição na aplicação do parágrafo único do artigo 116 do CTN, como se infere do seguinte trecho:

> "Contudo, julgo que não se aplica o princípio da reserva de jurisdição quanto à decisão aludida no dispositivo questionado.
> Em primeiro lugar, cumpre lembrar que, consoante já registrou o Ministro Celso de Mello , esse princípio 'importa em submeter, à esfera única de decisão dos magistrados, a prática de determinados atos cuja realização, por efeito de explícita determinação constante do próprio texto da Carta

---

[235] Ver: ROCHA, Sergio Andre. *Planejamento Tributário na Obra de Marco Aurélio Greco*. Rio de Janeiro: Lumen Juris, 2019. p. 131-147.

Política , somente pode emanar do juiz, e não de terceiros' (MS nº 23.452/ RJ, Tribunal Pleno, DJ de 12/5/2000 – grifo nosso). Não vislumbro, no texto constitucional, a existência de determinação de que a medida à qual se refere o dispositivo hostilizado deve ser emanada somente por juiz.

Em segundo lugar, é certo que tal medida somente poderá ser tomada pela autoridade fiscal respeitando o devido processo legal. Nesse ponto, ganha inegável importância aquela lei ordinária disciplinado os procedimentos a serem observados por essa autoridade.

Em terceiro lugar, a decisão tomada pela autoridade fiscal com base na norma debatida pode ser controlada pelo Poder Judiciário, na hipótese de esse ser provocado. Em outras palavras, tal decisão administrativa não é imune ao controle judicial.

Em quarto lugar, julgo que a desconsideração a que se refere o dispositivo impugnado não se equipara à anulação de negócio jurídico simulado à qual alude os arts. 167 e 168 do Código Civil. Como se destacou nas informações prestadas pelo Presidente da República, aquele dispositivo do CTN permite apenas que a autoridade fiscal, no contexto da tributação, negue eficácia àqueles atos ou negócios jurídicos. Atente-se que a medida administrativa não atua no plano da validade. Corroborando o entendimento: MONTEIRO, Eduardo Cabral Moraes. O parágrafo único do art. 116 do CTN: norma geral antielisão? In : Doutrinas Essenciais de Direito Tributário | vol. 11 | p. 685 - 742 | Jul / 2014."

Acreditarmos ter razão o Ministro Dias Toffoli. Afinal, decidir que o parágrafo único do artigo 116 do CTN cuida do controle de atos ilícitos, que depende de regulamentação e, além disso, que ainda estaria sob uma reserva de jurisdição, seria, como dissemos, dar carta branca para a evasão fiscal. Nota-se que, ao sustentar esta posição, Dias Toffoli estava reagindo à defesa da reserva de jurisdição para a desconsideração de atos ilícitos, que havia sido defendida pelo Ministro Ricardo Lewandowski.

### 3.4. CRÍTICA

O paradoxo apontado no item 3.1.3 é a grande crítica que tenho feito ao voto da Ministra Cármen Lúcia e, consequentemente, à interpretação vencedora no julgamento da ADI 2.446. Se a posição é no sentido de que o parágrafo único do artigo 116 do CTN cuida apenas da desconsideração de atos ilícitos, haver-se-ia que reconhecer sua eficácia plena, sob pena de se poder sustentar que atualmente há atos ilícitos que não podem ser desconsiderados pelas autoridades fiscais.

É nesse sentido que há tempos Hugo de Brito Machado vem sustentando que o referido dispositivo seria inútil, já que a competência para desconsiderar atos ilícitos as autoridades fiscais já teriam.[236] Na mesma linha, foi a posição de Misabel Derzi e Valter Lobato, que defenderam que o parágrafo único em questão deveria ser considerado autoaplicável.[237]

Têm razão os Professores da Universidade Federal de Minas Gerais quando afirmam que, ainda assim, a regulamentação do parágrafo único do artigo 116 seria importante, mesmo que entendam não ser ela necessária para a sua aplicação.

Nunca defendemos academicamente a eficácia imediata deste parágrafo único, pelo contrário.[238] Mas há que se reconhecer que esta posição tem respaldo em alguns autores, a começar pelo Professor Ricardo Lobo Torres.[239] O reconhecimento da eficácia imediata, daria mais coerência ao sistema, resguardando-se a competência plena para a desconsideração de atos ilegais praticados pelos contribuintes.

Entretanto, não se pode esquecer que o voto da relatora ressalva, explicitamente, que é necessária regulamentação por lei ordinária para a eficácia plena do parágrafo único do artigo 116 – posição que, como vimos, também foi defendida pelo Ministro Dias Toffoli.

Mesmo que se possa argumentar que este tema não era objeto da ADI 2.446, e que sequer seria de competência do STF, já que se trata de interpretação de texto normativo infraconstitucional, é realmente difícil do ponto de vista interpretativo sustentar a eficácia plena do parágrafo único do artigo 116 do CTN, tendo em vista a sua redação que utiliza

---

**236** MACHADO, Hugo de Brito. *Introdução ao Planejamento Tributário*. 2 ed. São Paulo: Malheiros, 2019. p. 130.

**237** DERZI, Misabel Abreu Machado; LOBATO, Valter. Planejamento Tributário, a ADI 2.446 e a Constitucionalidade da Norma Geral Antievasiva no Sistema Tributário Nacional. In: BRIGAGÃO, Gustavo; MATA, Juselder Cordeiro da (Orgs.). *Temas de Direito Tributário em Homenagem a Gilberto de Ulhôa Canto*. Belo Horizonte: Arraes, 2020. p. 470.

**238** ROCHA, Sergio André. *Planejamento Tributário na Obra de Marco Aurélio Greco*. Rio de Janeiro: Lumen Juris, 2019. p. 137-139.

**239** TORRES, Ricardo Lobo. *Planejamento Tributário: Elisão Abusiva e Evasão Fiscal*. Rio de Janeiro: Elsevier, 2012. p. 52. Ver, também: RIBEIRO, Ricardo Lodi. *Temas de Direito Constitucional Tributário*. Rio de Janeiro: Lumen Juris, 2009. p. 306; ABRAHAM, Marcus. *O Planejamento Tributário e o Direito Privado*. São Paulo: Quartier Latin, 2007. p. 409.

o tempo futuro para se referir às normas procedimentais que seriam utilizadas pelas autoridades fiscais para desconsiderar atos privados.

Assim, voltamos à questão que vimos colocando academicamente desde 2018: qual é o papel do parágrafo único do artigo 116 do CTN afinal?[240]

Mesmo sem que se possa afirmar que todos os integrantes do STF entendem que este dispositivo se presta ao controle de atos ilícitos praticados pelos contribuintes, é certo que todos os votos proferidos foram nessa sentido, havendo uma indicação de que esta seria o entendimento da Corte. Como, então, identificar quais atos ilícitos estariam alcançados pelo parágrafo único do artigo 116?

Por mais que possa estar sujeito a críticas, talvez o melhor critério a ser utilizado neste caso seja aquele baseado na distinção entre simulação absoluta e simulação relativa ou dissimulação.

Partindo desta distinção, a simulação absoluta poderia ser desconsiderada pelas autoridades fiscais com base diretamente no artigo 149, VII, do CTN. A seu turno, a simulação relativa somente poderia ser objeto de questionamento direto pelas autoridades fiscais a partir da regulamentação do parágrafo único em questão. Até lá, a desconsideração pelo Fisco de atos praticados com simulação relativa dependeria do prévio ajuizamento de ação judicial, sendo competência privativa do Poder Judiciário. A decisão judicial prévia seria requisito para a ação fiscal.

Não temos a ilusão ingênua de que seria fácil, em situações concretas, definir se estaríamos diante de uma simulação absoluta ou de uma simulação relativa. Contudo, cremos que é exatamente no desenvolvimento de critérios claros para a separação dessas situações que deve se forçar a doutrina.

Vale mencionar aqui que, ao nos referirmos ao ajuizamento de ação judicial não estamos nos alinhando à posição defendida pelo Ministro Ricardo Lewandowski.

Com efeito, a posição do Ministro Ricardo Lewandowski foi no sentido de que a invalidação de atos ilegais demandaria sempre uma manifestação judicial prévia. Não é isso que estamos sustentando. O que ora

---

[240] ROCHA, Sergio André. Para que Serve o Parágrafo Único do Artigo 116 do CTN Afinal? In: GODOI, Marciano Seabra de; ROCHA, Sergio André (Coords.). *Planejamento Tributário: Limites e Desafios Concretos*. Belo Horizonte: Editora D'Plácido, 2018. p. 487-513.

argumentamos é que, considerando a posição do tribunal no sentido de que o parágrafo único do artigo 116 carece de regulamentação, até que a mesma seja editada o questionamento de tais atos dependeria de decisão judicial prévia. Contudo, regulamentado o parágrafo único, a competência para a desconsideração seria das próprias autoridades fiscais.

Poder-se-ia objetar que o fato é que o STF reconheceu a constitucionalidade do aludido dispositivo, o que é verdade. Contudo, em toda a argumentação do voto vencedor, esta conclusão – constitucionalidade do parágrafo único do artigo 116 – está estruturada em uma certa interpretação do parágrafo único.

Com a finalização deste julgamento pelo STF, é importantíssimo a regulamentação do parágrafo único do artigo 116 o quanto antes. Porém, ao contrário do que se viu na Medida Provisória nº 66/2002, tal regulamentação não deveria pretender estabelecer critérios para a desconsideração. O critério está dado: o ato praticado deve ser ilegal. A regulamentação viria estabelecer basicamente o procedimento e as consequências da desconsideração.

Nesse sentido, parece-nos que o ideal seria que a regulamentação do parágrafo único do artigo 116 se estabelecesse sobre o conceito de simulação, evitando-se, como se tentou em outras oportunidades, a referência a conceitos como abuso de formas jurídicas ou falta de propósito negocial – que foram utilizados pela Medida Provisória nº 66/2002.

### 3.5. EFEITOS CONCRETOS

É possível imaginarmos alguns efeitos concretos desta posição do STF. Como mencionamos, no vácuo de uma orientação vinda do Poder Judiciário, o Fisco e o CARF preencheram o espaço.[241] A tardia manifestação do Supremo Tribunal Federal terá – ou deveria ter – um impacto grande sobre tais interpretações administrativas.

É verdade que em muitos casos o que se tem é uma simulação. Ou seja, está-se diante de atos ilegais praticados pelos contribuintes. Todavia, vimos que, pelo voto da relatora, mesmo o controle da dissimulação, ou seja, da simulação relativa estaria a depender da regulamentação do parágrafo único do artigo 116 do CTN.

---

241 Ainda estamos acompanhando o efeitos do fim do voto de qualidade como critério de decisão nos processos administrativos de exigência de créditos tributários decorrente da desconsideração de planejamentos tributários.

Dessa forma, entendemos que a decisão da ADI 2.446 terá alguns efeitos sobre o debate a respeito dos limites do planejamento tributário. Os resultados mais imediatos serão (i) o reconhecimento de que apenas atos ilícitos podem ser desconsiderados, com a consequente necessidade de estabelecimento concreto dos critérios para o reconhecimento de ilicitudes; (ii) a necessidade de regulamentação do parágrafo único do artigo 116 do CTN para a desconsideração de atos dissimulados; com (iii) a consequente reversão da posição que veio sendo acolhida inicialmente pelos Conselhos de Contribuintes e posteriormente pelo CARF, há pelo menos quinze anos, reservando-se o controle administrativo pleno, por ora, aos casos de simulação absoluta.

### 3.6. ALINHAMENTO COM OS AUTORES ESTUDADOS

Como já apontamos, vemos um alinhamento grande entre o voto da Ministra relatora da ADI 2.446 e a posição de Hugo de Brito Machado, Misabel Abreu Machado Derzi e Sacha Calmon Navarro Coêlho, e mesmo com a defendida por Sampaio Dória, que escreveu antes da edição do parágrafo único do artigo 116 do CTN.

Com efeito, o voto vencedor reconheceu a liberdade de planejamento tributário, estabelecendo como limite apenas a licitude. Ao fazer referência à vedação da "maquiagem" (ADC 66) de atos jurídicos, ou à necessidade de que fossem utilizadas "vias legítimas", implementados "comportamentos coerentes com a ordem jurídica" (ADI 2.446), certamente a relatora afastou a utilização de atos simulados com vistas à economia tributária, mas sem abrir espaço para a desconsideração, exclusivamente para fins fiscais, de atos formal e materialmente lícitos.

Ao que nos parece, a dissonância está exatamente em se limitar a competência para a desconsideração de certos atos ilícitos, os atos dissimulados. Fora este aspecto, cremos que a decisão na ADI 2.446 reflete a linha doutrinária que apresentamos neste livro.

Ressaltamos uma vez mais que a decisão do Supremo Tribunal Federal encerra algumas discussões, mas deixa em aberto aquela que é a principal questão para a solução de casos concretos: os critérios que separam as condutas lícitas daquelas ilícitas, passíveis de desconsideração. Como apontamos, mesmo a sugestão que apresentamos de distinção baseada nos conceitos de simulação absoluta e simulação relativa está longe de evitar as controvérsias concretas, que seguirão existindo.

## 3.7. ALINHAMENTO COM NOSSAS POSIÇÕES ANTERIORES

Como venho sustentando, as divergências entre linhas teóricas moderadas, no que se refere aos limites do planejamento tributário, são menos acentuadas do que parecem.[242]

De fato, ao compararmos minhas observações sobre o tema com as dos autores cujas teorias revimos, vejo mais aproximações do que distanciamentos.

Com efeito, temos uma grande divergência em termos axiológicos, na medida em que sustento que o valor liberdade deve ser ponderado com a solidariedade,[243] na forma estabelecida pelo artigo 3º, I, da Constituição Federal, enquanto Antonio Roberto Sampaio Dória, Hugo de Brito Machado, Misabel Derzi e Sacha Calmon são fortes na defesa plena da liberdade e da segurança jurídica do contribuinte.

Entretanto, como já afirmei, creio que esta diferença de visão não tenha consequências concretas significativas sobre nossas abordagens na revisão de casos de planejamento tributário. Afinal, tenho sustentado que jamais se deve definir pela lavratura de um auto de infração, ou pela sua procedência, com base no valor solidariedade ou no dever fundamental de pagar tributos.[244]

Em relação ao princípio da legalidade, temos divergências mais marcadas, ao menos com as posições de Hugo de Brito Machado, Misabel Derzi e Sacha Calmon.[245] Entretanto, vimos defendendo que o controle do planejamento tributário tem muito pouco que ver com o princípio da legalidade, sendo, antes de tudo, uma questão de análise

---

[242] ROCHA, Sergio André. Para que Serve o Parágrafo Único do Artigo 116 do CTN Afinal? In: GODOI, Marciano Seabra de; ROCHA, Sergio André (Coords.). *Planejamento Tributário: Limites e Desafios Concretos*. Belo Horizonte: Editora D'Plácido, 2018. p. 498.

[243] ROCHA, Sergio André. *Fundamentos do Direito Tributário Brasileiro*. Belo Horizonte: Letramento, 2020. p. 87-92.

[244] ROCHA, Sergio André. *Fundamentos do Direito Tributário Brasileiro*. Belo Horizonte: Letramento, 2020. p. 27.

[245] Ver: ROCHA, Sergio André. A Deslegalização no Direito Tributário Brasileiro. In: _____. *Estudos de Direito Tributário*. Rio de Janeiro: Lumen Juris, 2015. p. 121-151.

fática. Portanto, ao fim e ao cabo, a questão central é se houve ou não simulação.[246]

Neste aspecto, voltamos a ver um alinhamento grande entre as posições que venho sustentando e aquelas defendidas pelos referidos autores. Todos damos grande relevância à simulação como critério para a desconsideração de atos privados e todos utilizamos conceitos de simulação que vão além da mera legalidade formal dos atos e negócios jurídicos praticados pelos agentes privados.[247]

De forma coerente, venho afirmando que, até que se regulamente o parágrafo único do artigo 116 do CTN, se há margem para a desconsideração de atos e negócios jurídicos praticados pelos contribuintes, ela não é grande.

Como já pontuei, minha posição "está na interseção entre os autores 'solidaristas' e 'pró-segurança'. Em nossa visão: (1) atos e negócios jurídicos explicitamente artificiais, praticados com distorção de sua causa típica com a finalidade exclusiva de economia tributária caracterizam atos e negócios jurídicos simulados, podendo ser desconsiderados e requalificados pelas autoridades fiscais; (2) a seu turno, situações fática e juridicamente complexas, onde razões tributárias concorrem com razões econômicas, onde a abertura dos textos normativos possa levar a interpretações razoáveis divergentes, jamais podem ser tratadas como simuladas. Para esses casos, onde admitimos possa haver a desconsideração e requalificação dos atos e negócios jurídicos praticados pelo contribuinte em alguns casos particulares, eventual questionamento por parte das autoridades fiscais **deve ser** baseado – ou seja, não o sendo, o auto de infração seria nulo – no parágrafo único do artigo 116, o qual somente se tornará plenamente eficaz quando da edição da lei ordinária nele prevista".[248]

---

[246] ROCHA, Sergio André. *Planejamento Tributário na Obra de Marco Aurélio Greco*. Rio de Janeiro: Lumen Juris, 2019. p. 37-44.

[247] ROCHA, Sergio André. Para que Serve o Parágrafo Único do Artigo 116 do CTN Afinal? In: GODOI, Marciano Seabra de; ROCHA, Sergio André (Coords.). *Planejamento Tributário: Limites e Desafios Concretos*. Belo Horizonte: Editora D'Plácido, 2018. p. 492.

[248] ROCHA, Sergio André. Para que Serve o Parágrafo Único do Artigo 116 do CTN Afinal? In: GODOI, Marciano Seabra de; ROCHA, Sergio André (Coords.). *Planejamento Tributário: Limites e Desafios Concretos*. Belo Horizonte: Editora D'Plácido, 2018. p. 510.

Vemos, assim, que minhas posições, mesmo que tendo um ponto de partida distinto, não são significativamente divergentes das defendidas pelos Professores Antonio Roberto Sampaio Dória, Hugo de Brito Machado, Misabel Derzi e Sacha Calmon, **em relação ao presente**, ao que o ordenamento jurídico permite que se desconsidere hoje.

Com efeito, tenho defendido que, com base no artigo 149, VII, somente atos simulados seriam passíveis de desconsideração. Assim, considerando esta base normativa, vejo uma grande aproximação entre minha posição e a dos citados professores.

Nada obstante, minha visão quanto ao parágrafo único do artigo 116 do CTN sempre foi distinta. Em meus escritos sobre o tema, o parágrafo único do artigo 116 teria uma função para além do controle da ilicitude evidente de atos praticados pelo contribuinte. Conforme defendi, seu papel seria trazer um procedimento especial para solucionar "casos difíceis", nos quais, mesmo se entendendo pela existência de simulação, jamais haveria ilegalidade.

Isso se dá porque minha teoria jamais foi binária. Sustento haver graus de simulação. A simulação equivalente à ilicitude, que pode gerar agravamento de multa e eventualmente a consumação de crime contra a ordem tributária; e a "simulação lícita", que ocorreria quando a complexidade, jurídica ou fática, afastasse a configuração de um ilícito, mesmo que ao final se decidisse pela ocorrência da simulação – e consequentemente do fato gerador.

Voltemos ao exemplo da *trading*. Na hipótese de esta entidade ser um mero contrato social sem qualquer substância econômica, seria possível concluir pela simulação absoluta. De outra parte, não é difícil imaginar que os fatos deixem a autoridade fiscal ou o julgador em dúvida sobre a existência ou não de uma efetiva *trading*. Para esses casos, mesmo que ao fim se conclua pela existência de simulação, nossa posição é no sentido de que não haveria a prática de ato ilícito. Segundo vemos, são esses casos que deveriam se enquadrar no parágrafo único do artigo 116.

Percebe-se, então, que há pontos relevantes de contradição entre nossa posição e o voto da Ministra Cármen Lúcia, vencedor no julgamento da ADI 2.446. O principal deles é que entendemos que o artigo 149, VII, do CTN deveria englobar todos os comportamentos ilícitos, enquanto o voto desloca o controle de parte dos atos ilícitos praticados pelos contribuintes para o parágrafo único do artigo 116.

Esta divergência merece uma consideração adicional, porque ela está baseada na existência, em minha teoria, de uma "simulação ilícita" e de uma "simulação lícita".

Da maneira como vejo, nas situações enquadráveis no parágrafo único do artigo 116 do CTN, mesmo que caracterizadas como simuladas, dadas as circunstâncias fáticas e/ou jurídicas, poder-se-ia cogitar da cobrança de tributo, mas jamais argumentar que o contribuinte teria praticado um ato ilícito.

Isso não quer dizer que as situações concretas que entendo que seriam enquadráveis no parágrafo único do artigo 116 do CTN sejam distintas daquelas que poderiam ser nele alocadas com base na decisão da ADI 2.446. Apenas que, mesmo neste caso, na minha teoria não estaríamos diante de um ato ilícito.

Nesse sentido, como explicitarei no próximo item, a posição que defendo pode ser considerada mais protetiva dos contribuintes do que aquela que reserva o controle do planejamento tributário a atos caracterizados como ilícitos.

## 3.8. OS RISCOS DA POSIÇÃO DO STF

Como mencionei acima, em meus trabalhos eu vinha desenvolvendo uma abordagem não binária dos limites do planejamento tributário, defendendo que há atos ilícitos (evasivos), ilegítimos (elusivos) e lícitos e legítimos (elisivos). Os atos elusivos seriam passíveis de desconsideração e requalificação apenas para fins fiscais.

A vantagem desta visão é que assegura que os atos caracterizados como elusivos jamais serão considerados ilícitos, com as consequências que potencialmente podem advir desta classificação – agravamento de multa e eventuais repercussões criminais.

A posição dos Ministros que formalizaram votos na decisão na ADI 2.446 é binária. Ou os atos são lícitos e serão elisivos – economia legítima de tributos – ou são ilícitos e serão evasivos, podendo ser desconsiderados.

Nada obstante, a fronteira entre lícito e ilícito segue não muito clara. Vimos que a própria Ministra Cármen Lúcia se referiu à economia tributária por "vias legítimas" e "comportamentos coerentes com a ordem jurídica", expressões abertas. As exposições sobre os autores que tratamos neste livro mostram o mesmo. É mais fácil afirmar o direito à economia de tributos do que delimitar a fronteira entre licitude e ilicitude.

Um cenário de regulamentação do parágrafo único do artigo 116 do CTN, e mesmo na sua ausência, com a fundamentação no artigo 149, VII, pode justificar a caracterização de planejamentos tributários como atos ilícitos, uma onda de criminalização do planejamento tributário que já vinha sendo identificada em algumas situações concretas,[249] mas que pode ser reforçada a partir desta abordagem binária lícito/ilícito.

## REFERÊNCIAS BIBLIOGRÁFICAS

ABRAHAM, Marcus. *O Planejamento Tributário e o Direito Privado*. São Paulo: Quartier Latin, 2007.

DERZI, Misabel Abreu Machado; LOBATO, Valter. Planejamento Tributário, a ADI 2.446 e a Constitucionalidade da Norma Geral Antievasiva no Sistema Tributário Nacional. In: BRIGAGÃO, Gustavo; MATA, Juselder Cordeiro da (Orgs.). *Temas de Direito Tributário em Homenagem a Gilberto de Ulhôa Canto*. Belo Horizonte: Arraes, 2020.

MACHADO, Hugo de Brito. *Introdução ao Planejamento Tributário*. 2 ed. São Paulo: Malheiros, 2019.

RIBEIRO, Ricardo Lodi. *Temas de Direito Constitucional Tributário*. Rio de Janeiro: Lumen Juris, 2009.

ROCHA, Sergio André. *Fundamentos do Direito Tributário Brasileiro*. Belo Horizonte: Letramento, 2020.

ROCHA, Sergio André. *Planejamento Tributário na Obra de Marco Aurélio Greco*. Rio de Janeiro: Lumen Juris, 2019.

ROCHA, Sergio André. Para que Serve o Parágrafo Único do Artigo 116 do CTN Afinal? In: GODOI, Marciano Seabra de; ROCHA, Sergio André (Coords.). *Planejamento Tributário: Limites e Desafios Concretos*. Belo Horizonte: Editora D'Plácido, 2018.

ROCHA, Sergio André. A Deslegalização no Direito Tributário Brasileiro. In: _____. *Estudos de Direito Tributário*. Rio de Janeiro: Lumen Juris, 2015.

ROCHA, Sergio André. O Protagonismo do STF na Interpretação da Constituição pode afetar a Segurança Jurídica em Matéria Tributária? In: ROCHA, Valdir de Oliveira (Coord.). *Grandes Questões de Direito Tributário: 15º Volume*. São Paulo: Dialética, 2011.

TORRES, Ricardo Lobo. *Planejamento Tributário: Elisão Abusiva e Evasão Fiscal*. Rio de Janeiro: Elsevier, 2012.

---

[249] Ver: ROCHA, Sergio André. A Expansão do Direito Penal e os Planejamentos Fiscais Ilegítimos. Disponível em https://www.jota.info/opiniao-e-analise/artigos/a-expansao-do-direito-penal-e-os-planejamentos-fiscais-ilegitimos-26042021. Acesso em 02 de abril de 2022.

# POSFÁCIO – O FUTURO

Sem desconsiderar o que se produziu anteriormente, podemos afirmar que há vinte anos a doutrina brasileira tem estudado e desenvolvido intensamente trabalhos sobre o planejamento tributário e os seus limites. Ainda assim, temos tido uma enorme dificuldade de avançar na busca de consensos sobre o tema.

Em meu próprio percurso estudando a matéria sinto-me como o Sísifo retratado na capa deste livro: quando penso que já compreendi, que formei convicções, a pedra desce para a base da montanha e me vejo empurrando-a morro acima novamente.

Por isso, nos últimos anos revi alguns dos principais trabalhos sobre o tema produzidos pela doutrina nacional. Acredito que nosso ponto de partida deve ser compreender o que dizem os autores, mas realmente conhecer suas posições, e não seus avatares desenvolvidos por outros autores ou pelos órgãos de aplicação do Direito.

Minha pesquisa demonstrou que existem distorções e bastante desconhecimento sobre essas teorias, as quais geram ruídos que muitas vezes parecem insuperáveis. A proposta deste livro, juntamente com meus trabalhos anteriores sobre planejamento tributário, é que foquemos no que aproxima as teorias e não no que as afasta.

Obviamente, não estamos propondo que se esqueçam as divergências. Certamente não. Meu objetivo é apenas que tratemos das oposições e antagonismos pelo que são de fato, sem culposa ou intencionalmente os potencializar.

Como vimos, apenas o libertarismo extremo, que defende algo muito próximo da liberdade de simular, permite respostas aprioristicas simples (ou simplistas). Contudo, tanto o libertarismo moderado – que vai prevalecendo no STF – quanto o solidarismo moderado requerem uma grande contribuição da doutrina no desenvolvimento de critérios concretos para a revisão de atos e negócios jurídicos considerados simulados.

Assim sendo, uma das grandes missões, olhando para o futuro, é o desenvolvimento de critérios para separar a economia tributária legítima da ilegítima. Porém, não é só isso.

Há diversos campos que requerem a atenção não só dos estudiosos, mas também do legislador. Não há dúvidas que parte da insegurança neste campo decorre da omissão do Poder Legislativo em disciplinar a matéria. Não que se possa fechar critérios aplicativos na lei, mas é possível prever um procedimento especial para desconsideração; é possível tratar da questão das sanções a que se sujeitam os contribuintes, cuidar da relação entre planejamento tributário e crimes fiscais, etc.

A decisão proferida pelo STF na ADI 2.446, ao nos ajudar a traçar o perfil da regra que se constrói a partir do parágrafo único do artigo 116 do CTN, abre espaço para que, finalmente, o legislador assuma seu papel e regulamente este dispositivo, trazendo os procedimentos para a desconsideração. Para isso, é importante que parte da doutrina deixe de criar obstáculos e passe a trabalhar para a construção de soluções. A obra dos autores que revimos neste livro é um bom ponto de partida.

# BIBLIOGRAFIA

ABRAHAM, Marcus. *O Planejamento Tributário e o Direito Privado*. São Paulo: Quartier Latin, 2007.

BUXTON, Richard. *O Mundo Completo da Mitologia Grega*. Tradução José Maria Gomes da Souza Neto. Petrópolis: Editora Vozes, 2019.

CARVALHO, João Rafael L. Gândara de. *Forma e Substância no Direito Tributário Brasileiro: Legalidade, Capacidade Contributiva e Planejamento Fiscal*. São Paulo: Almedina, 2016.

COÊLHO, Sacha Calmon Navarro. *Comentários à Constituição de 1988*. 10 ed. Rio de Janeiro: Forense, 2006.

COÊLHO, Sacha Calmon Navarro. Considerações Acerca do Planejamento Tributário no Brasil. In: MACHADO, Hugo de Brito (Coord.). *Planejamento Tributário*. São Paulo: Malheiros, 2016.

COÊLHO, Sacha Calmon Navarro. *Curso de Direito Tributário*. 8 ed. Rio de Janeiro: Forense, 2005.

COÊLHO, Sacha Calmon Navarro. *Evasão e Elisão Fiscal. O Parágrafo Único do Art. 116, CTN, e o Direito Comparado*. Rio de Janeiro: Forense, 2006.

COÊLHO, Sacha Calmon Navarro. Fraude à Lei, Abuso de Direito e Abuso de Personalidade Jurídica em Direito Tributário – Denominações Distintas para o Instituto da Evasão Fiscal. In: YAMASHITA, Douglas (Coord.). *Planejamento Tributário: à Luz da Jurisprudência*. São Paulo: LEX Editora, 2007.

COÊLHO, Sacha Calmon Navarro. O Princípio da Legalidade. O Objeto da Tutela. In: PIRES, Adilson Rodrigues; TÔRRES, Heleno Taveira (Orgs.). *Princípios de Direito Financeiro e Tributário: Estudos em Homenagem ao Professor Ricardo Lobo Torres*. Rio de Janeiro: Renovar, 2005.

COÊLHO, Sacha Calmon Navarro. Os Limites Atuais do Planejamento Tributário. In: ROCHA, Valdir de Oliveira (Coord.). *O Planejamento Tributário e a Lei Complementar 104*. São Paulo: Dialética, 2001.

DERZI, Misabel Abreu Machado. [Notas de Atualização]. In: BALEEIRO, Aliomar. *Direito Tributário Brasileiro*. 12 ed. Rio de Janeiro: Forense, 2013.

DERZI, Misabel Abreu Machado. A Desconsideração dos Atos e Negócios Jurídicos Dissimulatórios, segundo a Lei Complementar nº 104, de 10 de janeiro de 2001. In: ROCHA, Valdir de Oliveira (Coord.). *O Planejamento Tributário e a Lei Complementar 104*. São Paulo: Dialética, 2001.

DERZI, Misabel Abreu Machado. *Direito Tributário, Direito Penal e Tipo*. 4 ed. Belo Horizonte: Editora Fórum, 2021.

DERZI, Misabel Abreu Machado. Guerra Fiscal, Bolsa Família e Silêncio (Relações, efeitos e regressividade). *Revista Jurídica da Presidência*, Brasília, v. 16, n. 108, fev.-maio 2014.

DERZI, Misabel Abreu Machado. *Modificações da Jurisprudência no Direito Tributário*. São Paulo: Noeses, 2009.

DERZI, Misabel Abreu Machado. O Direito à Economia de Imposto – Seus Limites (Estudo de Casos). In: YAMASHITA, Douglas (Coord.). *Planejamento Tributário à Luz da Jurisprudência*. São Paulo: LEX, 2007.

DERZI, Misabel Abreu Machado. O Planejamento Tributário e o Buraco do Real. Contraste entre a Complementabilidade do Direito Civil e a Vedação de Completude no Direito Tributário. In: FERREIRA, Eduardo Paz et. al. (Orgs.). *Estudos em Homenagem ao Professor Doutor Alberto Xavier*. Coimbra: Almedina, 2013. v. II.

DERZI, Misabel Abreu Machado. O Princípio da Preservação das Empresas e o Direito à Economia de Imposto. In: ROCHA, Valdir de Oliveira (Coord.). *Grandes Questões Atuais do Direito Tributário: 10º Volume*. São Paulo: Dialética, 2006.

DERZI, Misabel Abreu Machado; BOTELHO, Cristiane Miranda; MAGALHÃES, Tarcísio Diniz. A Distorção do Sistema Tributário Nacional Referente ao Imposto de Renda da Pessoa Física Assalariada e do Prestador de Serviços. In: DERZI, Misabel Abreu Machado; MELO, João Paulo Fanucchi de Almeida (Coords.). *Justiça Fiscal* Belo Horizonte: Del Rey, 2016.

DERZI, Misabel Abreu Machado; LOBATO, Valter. Planejamento Tributário, a ADI 2.446 e a Constitucionalidade da Norma Geral Antievasiva no Sistema Tributário Nacional. In: BRIGAGÃO, Gustavo; MATA, Juselder Cordeiro da (Orgs.). *Temas de Direito Tributário em Homenagem a Gilberto de Ulhôa Canto*. Belo Horizonte: Arraes, 2020.

DÓRIA, Antonio Roberto Sampaio. Da Analogia em Matéria Tributária. In: DÓRIA, Antonio Roberto Sampaio; ROTHMANN, Gerd Willi. *Temas Fundamentais do Direito Tributário Atual*. Belém: CEJUP, 1983.

DÓRIA, Antônio Roberto Sampaio. *Direito Constitucional Tributário e "Due Process of Law"*. Rio de Janeiro: Forense, 1986.

DÓRIA, Antonio Roberto Sampaio. *Elisão e Evasão Fiscal*. 2 ed. São Paulo: José Bushatsky, 1977.

GODOI, Marciano Seabra de. Uma Proposta de Compreensão e Controle dos Limites da Elisão Fiscal no Direito Brasileiro: Estudo de Casos. In: YAMASHITA, Douglas (Coord.). *Planejamento Tributário: à Luz da Jurisprudência*. São Paulo: LEX Editora, 2007.

GRECO, Marco Aurélio. *Planejamento Tributário*. 4 ed. São Paulo: Quartier Latin, 2019.

MACHADO, Hugo de Brito. A Norma Antielisão e o Princípio da Legalidade – Análise Crítica do Parágrafo Único do Art. 116 do

CTN. In: ROCHA, Valdir de Oliveira (Coord.). *O Planejamento Tributário e a Lei Complementar 104*. São Paulo: Dialética, 2001.

MACHADO, Hugo de Brito. *Comentários ao Código Tributário Nacional*. São Paulo: Atlas, 2004. v. II.

MACHADO, Hugo de Brito. *Comentários ao Código Tributário Nacional*. 2 ed. São Paulo: Atlas, 2008. v. II.

MACHADO, Hugo de Brito. *Curso de Direito Tributário*. 41 ed. São Paulo: Malheiros, 2020.

MACHADO, Hugo de Brito. Elisão e Evasão de Tributos. In: YAMASHITA, Douglas (Coord.). *Planejamento Tributário: à Luz da Jurisprudência*. São Paulo: LEX Editora, 2007.

MACHADO, Hugo de Brito. Evasão Tributária. In: MARTINS, Ives Gandra da Silva (Coord.). *Elisão e Evasão Fiscal*. São Paulo: Editora Resenha Tributária, 1988.

MACHADO, Hugo de Brito. *Introdução ao Planejamento Tributário*. 2 ed. São Paulo: Malheiros, 2019.

MACHADO, Hugo de Brito. *Introdução ao Planejamento Tributário*. São Paulo: Malheiros, 2014.

MACHADO, Hugo de Brito. O Planejamento Tributário e a Responsabilidade por Sucessão. In: ROCHA, Valdir de Oliveira (Coord.). *Planejamento Fiscal Teoria e Prática*. São Paulo: Dialética, 1998.

MACHADO, Hugo de Brito. O Planejamento Tributário: Isenção e Suspensão do IPI. In: ROCHA, Valdir de Oliveira (Coord.). *Planejamento Fiscal Teoria e Prática*. São Paulo: Dialética, 1998.

MACHADO, Hugo de Brito. *Os Princípios Jurídicos da Tributação na Constituição de 1988*. 6 ed. São Paulo: Malheiros, 2019.

MACHADO, Hugo de Brito. Planejamento Tributário e Crime Fiscal na Atividade do Contabilista. In: PEIXOTO, Marcelo Magalhães; ANDRADE, José Maria Arruda de (Coords.). *Planejamento Tributário*. São Paulo: MP Editora, 2007.

MACHADO, Hugo de Brito. Planejamento Tributário. In: MACHADO, Hugo de Brito (Coord.). *Planejamento Tributário*. São Paulo: Malheiros, 2016.

MACHADO, Hugo de Brito; MACHADO, Schubert de Farias. *Dicionário de Direito Tributário*. São Paulo: Atlas, 2010.

MARTINS, Ives Gandra da Silva; MARONE, José Ruben. Elisão e Evasão Fiscal – Estudo de Casos. In: YAMASHITA, Douglas (Coord.). *Planejamento Tributário à Luz da Jurisprudência*. São Paulo: Lex, 2007.

RIBEIRO, Ricardo Lodi. *Temas de Direito Constitucional Tributário*. Rio de Janeiro: Lumen Juris, 2009.

ROCHA, Sergio André. A Deslegalização no Direito Tributário Brasileiro. In: ROCHA, Sergio André. *Estudos de Direito Tributário*. Rio de Janeiro: Lumen Juris, 2015.

ROCHA, Sergio André. *Controle do Planejamento Tributário na Obra de Ricardo Lobo Torres*. In: ROCHA, Sergio André; TORRES, Silvia

Faber (Coords.). *Direito Financeiro e Tributário na Obra de Ricardo Lobo Torres*. Belo Horizonte: Arraes Editores, 2020.

ROCHA, Sergio André. *Da Lei à Decisão: A Segurança Jurídica Possível na Pós-Modernidade*. Rio de Janeiro: Lumen Juris, 2017.

ROCHA, Sergio André. *Fundamentos do Direito Tributário Brasileiro*. Belo Horizonte: Letramento, 2020.

ROCHA, Sergio André. O Dever Fundamental de Pagar Tributos: Direito Fundamental a uma Tributação Justa. In: GODOI, Marciano Seabra; ROCHA, Sergio André (Orgs.). *O Dever Fundamental de Pagar Impostos: O que Realmente Significa e como vem Influenciando nossa Jurisprudência?* Belo Horizonte: Editora D'Plácido, 2017.

ROCHA, Sergio André. *O Planejamento Tributário na Obra de Marco Aurélio Greco*. Rio de Janeiro: Lumen Juris, 2019.

ROCHA, Sergio André. O Planejamento Tributário na Obra de Sampaio Dória. *Revista Fórum de Direito Tributário*, Belo Horizonte, n. 109, jan-fev 2021.

ROCHA, Sergio André. O Protagonismo do STF na Interpretação da Constituição pode afetar a Segurança Jurídica em Matéria Tributária? In: ROCHA, Valdir de Oliveira (Coord.). *Grandes Questões de Direito Tributário: 15º Volume*. São Paulo: Dialética, 2011.

ROCHA, Sergio André. Para que Serve o Parágrafo Único do Artigo 116 do CTN Afinal? In: GODOI, Marciano Seabra de; ROCHA, Sergio André (Coords.). *Planejamento Tributário: Limites e Desafios Concretos*. Belo Horizonte: Editora D'Plácido, 2018.

ROCHA, Sergio André. *Planejamento Tributário na Obra de Marco Aurélio Greco*. Rio de Janeiro: Lumen Juris, 2019.

TORRES, Ricardo Lobo. Elisão Abusiva e Simulação na Jurisprudência do Supremo Tribunal Federal e do Conselho dos Contribuintes. In: YAMASHITA, Douglas (Coord.). *Planejamento Tributário: à Luz da Jurisprudência*. São Paulo: LEX Editora, 2007.

TORRES, Ricardo Lobo. *Planejamento Tributário: Elisão Abusiva e Evasão Fiscal*. Rio de Janeiro: Elsevier, 2012.

XAVIER, Alberto. *Conceito e Natureza do Acto Tributário*. Coimbra: Almedina, 1972.

XAVIER, Alberto. *Os Princípios da Legalidade e da Tipicidade da Tributação*. São Paulo: Revista dos Tribunais, 1978.

XAVIER, Alberto. *Os Princípios da Legalidade e da Tipicidade da Tributação*. São Paulo: Revista dos Tribunais, 1978.

XAVIER, Alberto. *Tipicidade da Tributação, Simulação e Norma Antielisiva*. São Paulo: Dialética, 2001.

YAMASHITA, Douglas (Coord.). *Planejamento Tributário à Luz da Jurisprudência*. São Paulo: Lex, 2007.

◎ editoraletramento
🌐 editoraletramento.com.br
(f) editoraletramento
(in) company/grupoeditorialletramento
(y) grupoletramento
(✉) contato@editoraletramento.com.br

🌐 editoracasadodireito.com
(f) casadodireitoed
◎ casadodireito